韦力 著

琼瑶集

中国出版集团　东方出版中心

目录

莞历史人物》《耕读》《莞城历代诗词选》《发现麻涌》《杜诗二字构辞类辑》《伦明评传》《兰台万卷》《不发表 就出局》《书海扬舲录》《不蠹斋珍丛》《桂林文物古迹览胜》《书之旅》《恋猫物语》《没有字的故事》《思考出版》《读者说》《书天堂》《阅读看见未来》《开卷闲话十编》《玉叩读碑》《弄闲斋诗稿》

《鸣沙习学集》《纽顿藏书目录》《老子道德经二卷》《我们的中国》《吴郡顾氏宝树园印集》《园林 | 艺术 商业：中国木刻版画》《苏州古籍书店志》《撂地儿》《拾叶集》《当下四重奏》《庐山藏书史》《书缘琐记》《国际汉学研究通讯》（第十二期） 《阳谋》《黄丕烈藏书楼》《寒山寺掌故》幻灯片 《蒋风白印谱》《苏州博物馆藏古籍善本》《题跋古今》《苏州名人故居》《李根源与王小山》《苏州文化世家与清代文学》《苏州

名人故踪》《续修四库全书提要》《楹联三十年》
《甘肃对联集成》《"一带一路"楹联文化论文集》
《记忆的碎片》《待起楼诗稿》

易福平所书金文　　《清诗话考》《金陵生小
言》《蠹简遗韵》《书在别处》《谢稚柳先生书
简》《子复心赏》《文学起步 101》《齿留余香忆
京城》《愚园路上》《生肖日历：2017 锦鸡吉祥》
《开封琐记》《清代版本叙录》《词学胜境》《徐
时栋年谱》《静盦汉籍解题长编》《唐代政治史略
稿》《邓子龙传》《苍蝇》《奉新故事新编》《李
之藻研究》　　中国美术史·大师原典　　《逛书
店》《清牌记》　　贺年卡　　《张爱玲的画》《藏
书家日历》《琼琚集》

《冷冰川墨刻》《东西六短篇》《李锐六短篇》《魏微六短篇》《韩东六短篇》《少功六短篇》《海男六短篇》《阿来六短篇》《格非六短篇》《闲话茶事》《可居室藏书翰·罗振玉》《苏州小王山摩崖石刻》《吴下名园记》《数卷听春》《龙亭胜迹志》《朱兰文集》《溪上轶事》《溪上人物》《问津书韵》《书香天津文丛》四种　《方寸芸香》《过云楼家书》《过云楼日记》《让钞稿本说话》《版本目录学研究》(第七辑)　《天一阁文丛》(第14辑)　《天一阁藏四明丛书珍稀文献图录》《高荈书影录》《寒云藏书题跋辑释》丁酉年木版套印版画　《一日一读》　杂志一批《书之美》《琼琚集》

宣晔法书　曾经纬法书　唐吟方法书　唐张

继诗拓片　　陈乐道法书　　顾村言法书　　龙门寺诗碑　　《第五批国家珍贵古籍名录图录》《吴湖帆的手与眼》《文澜四库》《瑰意琦行》《百年萃英门》《无尽心》《白先勇细说红楼梦》《甘肃近代工业珍档录》《云南藏书文化研究》《我与甘肃省图书馆》《中国印刷史研究》《知味》《衢州孔氏南宗家庙志》《舞文詅痴》《梅事儿》　　王家安手雕葫芦　　张大愚所刻芷兰斋印章　　《杜甫年谱》

《书海行舟》《海源阁善本叙录》《海源阁藏书研究》《知寒轩谭荟》《第一批浙江省珍贵古籍名录图录》《第二批浙江省珍贵古籍名录图录》《稼轩词》《观堂遗墨》《上饶市文献学会成立纪念》《饮水园》《耕读》《毛春翔文集》《张宗祥先生纪念画册》《婺源风俗通观》《婺源虹关》《国褚》《无锡文博论丛》（第 1 辑）

《书楼觅踪》《硃痕探骊》

《中国古代图书史》《采铜于山》《藏书家陆心源》《端午》《顾随和他的弟子》《掌故》(第二集)《严修日记(1894—1898)》《中国出版家张元济》铁琴铜剑楼抄书纸 《天禄琳琅知见书录》 汤显祖研究书系 《海源续阁藏善本古籍掇英》《书魂寻踪》

序言

　　本书为"师友赠书录"的第二次结集，其内容时段为 2016年 9 月底到 2017 年 5 月底之间，这个时段恰与第一次结集首尾相接，就内容而言，亦为初次结集的延续。初集既然名为《琼琚集》，按照《诗经·国风·卫风》中的叙述顺序，本集当仁不让地取名为《琼瑶集》。

　　虽然如此，但在给该书起名时，我多少有些犹豫，这当然是因为琼瑶姐姐的名气太响，而我给自己的小书起同样的名字，颇有贴牌蹭热之嫌。然好在《诗经》中几千年前就有了此词，说不定琼瑶姐姐之名也谐音于此，假如真是这样，我以"琼瑶"为书名，不过是与其同源，当然也就没有了侵权之事。想到这一层，我也就把心放回了原来的位置，大胆使用之。

　　在这一年的时段内，我收到了师友们太多的赠书赠物，我的所写依然只是其中的一部分。我将朋友的厚爱，有选择地写入文中，这并不代表我对落选者的不敬。不写，自然有不写的缘故在，而我不写的理由当然要对朋友、对读者给予交待。

　　首先，与我完全没有交往过的朋友。我所接到的赠书与赠物，几乎每月都有这样的情形：收到赠物后，面对对方的大名颇感茫然，我努力搜索脑中的记忆，确认不曾与这位师友有过交集，虽然他的作品让我读来颇有受益，但我与这位师友间却没有交往的故事，所以也无法写起。虽然说，没有交往，我也应当写一写拜读大作后的感悟，并且这种做法我也曾试过几次，但是有些师友所赠之书，却并非我所熟悉的领域，故而的确难以置喙。

其次，有些赠物者，确实是我熟悉的师友，然所赠之书有可能是旧作新版，而该书的旧版我在以往曾经作过评论，如今新旧版之间未曾增加新的内容，面对此况，我也的确是"卑之无甚高论"，难以妙笔生花地写出新认识、新看法、新高度，故对这些老友的所赠只能将感激之情铭记在心。

第三，还有些相熟的老友，所赠大作的内容却非我所熟悉的领域，朋友视野的开阔令我兴叹，但我却无法跟得上奔驰的时代列车。我在此做个比喻（我说过了，就是个比喻），霍金赠给了我一本他的新作，因为他对宇宙的起源有了全新的看法，我得到这样的赠书，当然兴奋异常，肯定会在朋友圈大发特发，而所发的内容不过就是在"耶"字后面加了一大堆感叹号，对于该书的中心思想，我当然不敢置一词，想拍马屁都找不准位置，咋写？基于此，我在此做个小小的声明：师友们所赠之书，凡是未写入此中者，我都曾翻阅一过，虽然我的见识很肤浅，无法做出"龙筋凤髓判"，然这些大作惠我以识却是千真万确。

近两年来，不断有读者留言，说看过我的师友赠书录后，会选择其中一些感兴趣的书买回来阅读，本录成为了部分读者的购书指南，这是出乎意料的事。首先申明，这份师友赠书录出现的原因乃是由于我的懒惰。俗人万事忙，这些年来我也不知自己为什么这么忙，虽然不时收到朋友们的所赠，而我却无法立即回复予以感谢，笨人有笨办法，于是我每月集中一天向这些赠书赠物的师友们表达感谢之情，其初始动机绝非是购书指南。而今这份赠书录受到了越来越多朋友们的关注，并且有人根据我的点评而去购买相应的著作，我觉得无论从哪个角度来看，都不是一件坏事，我替读者点明了一些书中的亮点，虽然我的点评不无偏颇，但总体上还算中肯，这给朋友在选择阅读上节约了时间。二者，我也在无意间替师友们的大作，做了推广，虽然功德很少，但按照古代的功过格，也算是积善的一种表现了。

既然本录被附加以更多的作用，那我也只能勉励自己继续写下去。只是在写的过程中若有不确之处，也希望读者以及作者本人予以一一指出，以期我在未来的过程中有所改正，谢谢大家！

2016年
_____
9月

按 语

前一天见到了绿茶先生，我觉得每次见他都能得到新的资讯，而本次的聊天又让我学到了拍书影的一个小技巧。绿茶兄告诉我，我每月刊出的师友赠书录对他有启发，他觉得我的这个做法不但表示了对朋友情意的感谢，同时也可以把它视之为一种新书介绍。

绿茶兄在书界的一个重要举措，就是他每过一段要评论他眼中值得一读的新出版物，为此他写了大量的书评类文章，这使得许多出版社都纷纷寄书给他，所以，他说从数量角度来论，他每个月收到的赠书要比我的所得多数倍。唯一可惜的是，因为是出版社所寄，所以缺少了他跟作者之间的互动和感情交流，但他觉得我的师友赠书录是一种介绍书的好办法，于是他也用这种方式在自己的公微号内开办了这样一个栏目。

而后，绿茶兄让我看了他这个栏目的编排方式，果真，专业的事要由专业的人来做。我明显地感觉到，这个栏目的编排，比我所做的要漂亮许多，尤其在书影的拍照方式方面，他几乎每过几期都变换一种方式。拍照一向是我的短板，我看到他所拍书影不像我那样只是平平展展地把封面拍清楚，他是都会侧一个角度，其背景则是他家的书架，甚至他连封面都不拍全，有时只是拍一下书名而已，看来目录版本学的刻板做法于我而言已经深入骨髓。其实没人非要看到那么全的版本信息，那我也就没必要把每本书所表现出的资讯搞得如此完完整整。

一念即此，于是回家开始实施，我也在自己书房的一个小角落来拍摄书影。拍照完毕后，在电脑上看自己的成果，真应了那句俗语：不怕不识货，就怕货比货。虽然转换了角度，但我拍出来的书影还是没有绿茶所拍的那样精巧。这个结果真的让我很泄气，但转念思之，说明我的思想还没有僵化到完全不想改变的程度，虽然拍得很差，但毕竟是我在摄影方面求变的起步，故而以这些试拍的书影来向大家展示，只能让读者们把批评埋在心底，把表扬挂在口头，以鼓励我在这方面慢慢地进步下去吧。感谢大家的厚爱！

《藏书小识》 陆昕 著

就性格而言，我觉得陆昕老师具有双重性。与他聊天，愉快的时候如沐春风，无论三教九流，从他的嘴中说出就有了别样的风味，可是一旦谈到了正统的学问，他能在百分之一秒内变成一位严谨的古板学者，他会认真地纠正你言谈中的某一个字，甚至某一个音调的不准确。虽然他是藏书世家，他也对古籍有着炽热的爱，同时他的藏书观念还极其正宗，可是他却跟书圈内的活跃人士有着一定距离的疏离感，至少我很难琢磨出他在哪个时段会变换出怎样的心态。

说到陆昕老师所赠该书，多少让我有点意外。我本以为他近两年致力做自己正统的学问，少有精力在古籍方面着眼，然而在没有任何消息的情况下，这一本书已经摆在了我的案头。我翻到序言时为之一乐，因为此序是典型的陆氏风格：他特别喜欢改编一些歌词或者诗句，使本来很严肃的曲调变为了另一种味道，有时一字之改，就会使原歌词变得境界大开，而今他把自己这方面的才能用在了序言上，这还是我第一次得见。

本次的改编，他用了一首老歌的词，那就是《潇洒走一回》，而他把序言的题目也用成了歌词。陆老师在这首改编歌词之前又加了一段小序，而小序的第一句话就是说他闲来无事翻看我的《书楼寻踪》，我不确定他把这么一首有名的歌篡改成了这个模样有没有侵权行为，如果是这样的话，我的拙作使得他有了改编这首歌词的欲望，那我岂不成了同案犯。

看来，他的这本书我要细细地翻看，说不定里面也隐藏着重要的密电码。一念及此，我觉得有必要效仿《红灯记》里的鸠山，把他的这部大作"拿回去研究研究"。

《书蠹牛津消夏记》 王强 著

　　该书为杨小洲先生所赠，他说上次送给过我一本同名的书，但这一本装帧不同，他想请我拿这本书作装帧方面的参考。我不清楚此书的开本应该怎样称呼，以我的直觉，此书比 64 开大，同时也比 64 开宽，近似正方形的感觉。这样一本小书包在四围的硬折内，而后插入函套中，可以看出在装帧方面确实动了很多心思。杨先生问我，对于此书的装帧有着怎样的看法？我能够感觉出，他不是想让我说褒奖之语，既然是诚心的"请教"，那我也就实话实说。

　　以我的观感，该书的插套所用布面确实有着特殊的质感，因为其有着手工织造的粗糙粒度，同时，在接缝之处却看不出同样粗糙的线头。我觉得这样的装饰布如果用在大开本书上，就会显现出另一种不刻意的质朴，但用在这等小开本上，就无法突显出原本想营造的"低调的奢华"。

　　杨先生同意我的看法，我不知道他是真心，还是不愿意打击我的谬论。但无论怎样，我跟杨先生的接触使我对原本不甚措意的装帧，也开始留意了起来。

《我读故我在》 俞晓群 著

近两年，我的出书速度受到了朋友们的诟病，众人纷纷指责我写得太快了，其实这是何等的冤枉。从表面看，近两年出书的频率确实比以往有所提高，估计此后的两年也会延续这种势头。其实师友们有所不知，我的寻访之旅从五年前就已经开始，因为诸多原因，到近两年这些"成果"才得以结晶。如果把前几年的时段也算进去，以此来做一个除法，我的出书速度其实很一般。

但我觉得俞先生则不同，他的出书速度远比我快得多，为什么没有人质疑他出书如此之快呢？我觉得这件事有必要嫉妒一下，某天我还是没能忍得住，当他将这部大作赠予我时，我脱口而出："您出书

的速度太快了！"俞先生一点儿不以我的唐突为忤，他笑着跟我说，上次赠送给我的《一个人的出版史》，近日将印出第三集，虽然每部书有几十万字的体量，然而这些文字却是他从几十年前就开始写起的。想一想，这几十年的时间若也做一下除法，那平均每年的产量确实没有多少。他的这几句话一瞬间就涤荡了我心中的不平。

对于俞先生的这部新作，我也本能地从封面看起。本书的封面用纸颇为特殊：用手摸上去，有着皮质的涩手感，然又实实在在是一种纸，新的工艺真可谓进行着神速的变化，能够将这些新变化迅速地应用于实践，我佩服这种在行动上跟得上时代的美编。

《前辈写真》《序跋荟存》《书林扬尘》《文史刍论》 傅杰 著

这四部大作为海豚出版社的朱立利先生所赠。朱先生告诉我，他特意找该书的作者傅杰先生给我题了上款儿。我感谢了朱先生的美意，然而我却被该书的封面设计所吸引。

从外观看，这四本书为同一组，整体风格类似，却出成了四种颜色，尤其侧脊的装帧手法特别有着英伦风，而所用的仿皮面，其逼真程度又超过了寻常所见。可见，该书在设计和选料方面费了不少精力。

近几年，海豚社所出小精装系列在书界颇有影响，而人们所关注者则正是该社在装帧方面所下的气力。我在以往其实并不关注书籍的装帧，总觉得自己是作者，唯一的任务就是要把书的内容写好，装帧是出版社的事情，还是那句话：专业的事应当由专业的人去做，我既然对此外行，那也就不必为此置喙。

但是跟海豚社的这一段接触，使我改变了自己僵化的思维方式。近几天，布衣书局的老板胡同先生增添了一种新的售书方式，他给这种方式起了一个通俗的名称——货卖一张皮。具体到他如何卖这一张皮，其实我并不懂，以我的理解，他只是拍下来书封，而后就出售。看来，皮对书的重要价值比我想象的要大许多。

沿着这个思路想下去，太多的影视明星跑到韩国等地去整容，站在这个角度来说，不也是"货卖一张皮"吗？以这样的字句来形容那些明星，似乎不雅，但以我的陋见，其实这两者应该相差不多。比如近两年流行的小鲜肉，虽然主要是看脸蛋儿，那脸蛋儿不也是皮吗？既然人皮对一个人这么重要，那么书皮也应当有着同等重要的地位。酒香也怕巷子深，这让我越发觉得海豚社在装帧方面的努力很有道理。

《鲁迅藏浮世绘》　北京鲁迅博物馆　编

该书为鲁迅博物馆的黄乔生先生所赐，因为该书的序言为黄先生所写。他的这篇序言是从美术史的角度讲述了鲁迅在日本时受到的美学熏陶，尤其是日本浮世绘的绘画风格，对鲁迅的美学

观念有着一定程度的影响。

我对浮世绘的接触很浅，而这种启蒙却可追溯到自己 20 岁前，那个阶段有一度十分痴迷于集邮，所认识的邮友中，有几位特别偏好日本邮票，他们最喜欢的邮票不是日本的早期稀见品，而是日本所出的浮世绘邮票。凭心而论，日本邮票的印刷技术确实高超，其典雅的设计与精致的印刷广受邮友所喜爱，我也受这种风气的影响，对浮世绘邮票特别感兴趣，尤其那奇特的画风给我以极强的吸引力，可惜的是，那时我仅是个中学生，手中有限的钱买不起比中国邮票昂贵数倍的日本浮世绘邮票。

这个遗憾埋入了我的心里，等我工作之后，有一度到日本出差，日本方面接待的朋友带我去买各式各样那时中国人所喜欢的日本电器，终于在某次，我忍不住地向对方提出：能不能带我到一位日本集邮家那里去买浮世绘邮票？

日本朋友果真办事认真，虽然他对此完全外行，却真的把我带到了一位日本集邮家的府上。这位老先生看上去年逾八旬，对我很是客气，他拿出的邮票让我大感吃惊：日本所出的大多数邮票都是整版所存者，而很多票品我看到一枚都觉得惊艳，没想到在他这里有整张整张的一大摞。这个结果狠狠打击了我的信心，但我还是决定要拥有一套完整的浮世绘邮票。在翻译的讲解下，这位老先生竟然破例让我从每个整版的邮票上撕下一个四方联来。

面对这完好的整版，我真的无法下手将其撕开，那一刻让我想到了焚琴煮鹤，于是老先生亲自动手将邮票一一撕下。他虽然脸色平静，我还是捕捉到了他内心的惋惜，那一瞬间让我明白了他为了满足一位中国人的爱浮世绘邮票之情，宁可牺牲整版邮票的价值。

　　这件事已经过去了 20 多年，然每当我看到跟浮世绘有关的物品时，都会想到这感人的一幕，因为非集邮爱好者确实难以体会这位日本老先生所做出的举措是何等的勇敢与大度。我因翻看黄先生所送该书，又勾起了我当年埋在心里的记忆，不知黄先生会不会怪罪我对他的这部书词不达意地讲了一个与之无关的故事。

《人类的演化》 ［英］罗宾·邓巴　著

《古典文学》　［英］理查德·詹金斯　著

　　这两部书均是上海文艺出版社编辑肖海鸥老师所赠。收到这两部赠书时，同时寄来者是拙作排版的光盘。以我的理解，肖老师赠我这两册书，更多的目的是为了防止光盘的损坏。当然，我的这个理解有亵渎这两部大作的嫌疑。毕竟从名字上说，这应当是两部高大上的作品，可惜的是，我对这两个专题都没有研究。我觉得肖老师寄给我这两本书还有另外一个目的，他应该是让我品一品上海文艺社书籍装帧的风格，因为接下来我在那里也有书稿要出版。

从装帧上讲，这两部书有着特殊的西洋味道。我所说的西洋味不是指的欧美所出书的装帧风格，不知从何时起，中国所翻译的西洋书，都有着一种若隐若现的独特味道，这类的书十米之外望一眼就能知道这是翻译著作，为什么这些翻译著作会形成如此的特有品味？对于这一点我却不曾了解，但我觉得如果某一类书让人一眼望上去就有了归属感，这也算是一种设计上的成功。

然而我所写的书稿似乎与这些翻译著作相去甚远，毕竟自己的视野有限，我的关注点基本放在了传统的历史与目录版本学两个角度，其实从大类上来分，这两者也同样可以合二为一。说到底，我的视野只盯在了传统的典籍与文献方面，不知这类的稿件从上海文艺社印出，会不会也有着另一种风格在。虽然拙作的封面设计我早已看到，但未见到实书之前，还是在脑海中构建不出立体的印象，那就期待着吧，毕竟期待也是一种快乐。

《虹隐楼诗文集》 徐兆玮 著

这部书是胡同先生转送给我者，他说去年的某个时段有一位书友带来了自己所藏的碑帖字画，当时胡同在布衣书局开办着"蠹鱼雅集"，他就以此名义来给这个书友的藏

品举办了一场鉴定会，参加那场鉴定会的人有中央美院的尹吉男老师以及他的夫人小蝉老师。

那位书友带来了多件藏品，我最感兴趣者是他所藏的"金粟山大藏经"，而尹老师则对其字画最感兴趣，物主是一位看上去40岁上下的男士，他不善言语，只是静听我等发表着个人的看法，我毫不吝啬地夸赞着金粟山，而胡同提前告诉我这些藏品都是此人祖传之物，并无出售的意愿，只是想请人搞清真伪和价值而已，那我也只能收敛起自己的贪心，认真观看这件难得之品。

然而这件事距今似乎逾年，胡同又重提此事，他说正是那位鉴定物的本主赠送给我这样上下两册书。虹隐楼我当然很熟悉，这是常熟藏书家徐兆玮藏书楼的堂号，该楼今日仍存，我曾在没人的情况下，在虹隐楼内上上下下转了一大圈，但收到这部赠书还是觉得有着小惊喜。

我问胡同此人何以要赠我此书，他说这位书友的大名是黄磊，黄先生看到了的微信公众号中提到了徐兆玮的某篇诗文，而此文字恰好就收录在这部诗文集中，他觉得这篇文章对我修改寻访之文有用，于是就请胡同将该书赠送给我。这样的书友真是太过难得，于是我请胡同代我转达对黄先生的谢意。

《品味书简》 方继孝 著

该书的封面印刷得颇为静雅，上面还印着"名人信札收藏十五讲"，我觉得这应该是本部大作的副题。方先生对于信札的执着令我佩服，虽

然信札收藏也是门显学，国内专注于此类藏品者并不在少数，然而与我相识者，似乎方先生最为执着。

我对信札也有收藏，但更多则是从藏书家墨迹的角度着眼，因为我对稿抄校本有着偏好，对于这类书的鉴定，认字迹则是最为关键的，而手札的收藏则是鉴定稿抄校本墨迹真伪的重要佐证。可惜的是，方先生虽然致力于收藏手札，但他的重点却把时限定在了近百年来的新闻学，虽说他的数量很大，我却无法沾他的光，因为我的所藏恰在他的视野之外。

然而当我看到他的这部《品味书简》时，却有了惊喜，因为该书的十五讲其中有一半的篇幅谈的都是古代的墨迹和手札，而这正是我所喜爱者，看来方先生的视野并非是我所认定的他只关注近现代。其实我知道，就收藏而言，年代割裂开来是一种集中火力的好办法，但这会使原本贯通的历史无法气脉相通，方先生的本书却贯通了这种原本的割裂，他从起源说起，而后一路讲到了当代，甚至还讲到了当今的收藏市场以及相应的辨伪，对手札如此全面的论述，这是我读到的第一本专著。

《牡丹亭》 ［明］汤显祖　著

该书也是海豚出版社的朱立利先生所赠。上次在聚会时，朱先生已经赠送给我一部该书，当时我惊奇于这部传统戏剧出版成了中英文对照，而朱先生却告诉我，这部书的装帧方式与上一本不同，首先从封面上就有区别。

打开外封，我看到了护页，护页用的是一种朱红色的云龙皮纸，从册页上看，这是一种特殊的用纸，从纹理上说，也

非寻常所见，而是在里面加入了发丝状的丝线。在传统用纸上，有发笺这种特殊的纸张，我觉得这部书的用纸应当是结合了云龙皮和发笺两种制作方式，而后又进行了染色。仅仅是一页护页就下了这么大的工夫，海豚社在装帧方面所做出的努力真的让我很钦佩。

《唤风集》　邵仄炯　著

首先引起我注意者，是此书的装帧，其打开方式设计巧妙，当我把

书抽出时看到里面全部为邵先生所绘的扇面，这让我知道了此书名称的来由——看来不是为了呼风唤雨，而是形象地把折扇比喻为唤风之物，可见艺术家无论在书名还是装帧上都有着别样的用心。

翻看此书，其制作方式有点像传统的蝴蝶装，那就是图案和空白页交叉排列，从这个角度而言，我觉得此书依然是画册与笔记本的合二为一。邵先生的绘画风格我一向喜爱，因为从他的画风中能品出不含红尘的静气，而此画册中所绘扇面风格又与以往有了不小的变化，尤其其中一张扇面的风格是仿照残破的拓片，其逼真程度突破了传统的八破图。

《宋：现代的拂晓时辰》　吴钩　著

《孤往雄心》　王新　著

《从华夏到中国》　刘仲敬　著

这三部书均为广西师大出版社的徐俊霞老师所赠。关于这三部书，我最感兴趣者是第一部。这个偏爱来自于此书中有一个章节讲的是《清明上河图》，此图内画有书店的图像，虽然这是明代仇英的模本，但图中

的集贤堂书坊还是让我大感兴趣：整架子的线装书如果能留到今天，那将是爆炸性的新闻。我估计这间书房书架上的书能流传至今者，不会超过百分之一。

但也有人不承认我的这个说法，前两年有位朋友说某画廊藏有几千部宋版书，我对这种说法当然置之一笑，但朋友却很认真，一定让我前去一看。来到了现代化的办公大楼，在里面当然一部宋版书也没看到，但故事却听到了一箩筐，于是直接点题，这让对方很不高兴，甚至提出了对我要如何如何的说法。看到徐老师的赠书，又让我想起了这个当年的滑稽故事。

《王献之楷书洛神赋十三行》

从装帧风格看，一望即知是载道文化公司的产品，其用功程度一如既往，以我的眼光看，该公司所出版的碑帖是

17

目前影印本中最佳者。《洛神赋》虽然仅是短短的一开，然而该印本却将原裱本的后跋扉页以及绘画等完全影印在里面，这是一种负责的做法，因为只有这样才能让读者看到完整的信息。而其制作之精良，必然也会使此书大受藏家所爱。

鸿禧笺纸

此笺纸为陈龙先生所赠。当时收到后颇为奇怪，从印刷方式看，这种笺纸分两种印刷方式，一种是木版刷印，另一种是机器印刷。我不明白陈龙为什么制作这类笺纸，然细看下面的小字方得知这是陈龙的结婚纪念物。以这种方式作纪念，于今而言真可谓风雅。到此时我方明白陈龙是以此来通知朋友们他的结婚之事，于是我立即发短信郑重地向他表示祝贺，因为这是近几年来我唯一得到的书友结婚的消息。

2016年

10月

《孟子私淑录》 ［清］戴震 著

数天前，在京见到了朱旗先生，朱先生简约地向我通报了他的工作变动情况，每过不长时间，他就会有新的进步，这份上进让我十分地佩服，但朱先生更为兴奋者，似乎是另一件事。他在手机内让我观看一部书影，乃是旧抄本的《孟子私淑录》。他跟我说："这本书你很熟悉，因为你已经写进了自己的《芷兰斋书跋初集》之中，而今我又找到了一部，你看看这有怎样的区别？"我望着该书影的首页，注意到上面有着傅增湘、缪荃孙等人的多方藏印，看来此书大有来头。果真，朱先生告诉我，该书著录于《藏园群书经眼录》中，缪荃孙的笔记中也有记载，并称该书是出自于孔府。

他的这句话提醒了我，毕竟我对此书的来龙去脉还是下过一些工夫，更何况，乾隆时期孔府后人孔广森本就是《孟子私淑录》作者戴震的著名弟子，故孔府能有此抄本，一点都不奇怪。如果该书确为孔广森

时代所抄，那么该抄本的抄写时间当在乾隆时代，这个时段几乎等同于戴震撰写此稿的时间，念及这一层，这个抄本太重要了，因为它接近于原稿。如此说来，该书的价值比我所藏要更加难得。显然，这个结果我从心里不愿意承认。

朱先生是何等的聪明，他对我的心理可谓洞悉，于是他不紧不慢地让我看卷首首行"休宁戴震撰"这几个字，其实不用他揭示，我看第一眼时，就已经注意到了"宁"字不缺末笔，且细看字体，末笔也非后人添加者，这是一条很重要的证据。但此字仅证明该书抄于清道光之前，因为其未避道光皇帝旻宁的名讳，但却并不能说明该本必抄于乾隆年。

我的这个说法朱先生早已料到，而后向我讲述了该本的来源，以及相应的考证。他告诉我，《孟子私淑录》的初始撰写年代有可能是戴震二十几岁时所为，这个结论让我听来可谓惊骇。毕竟该书内容上颇为奇特，戴震自称这是他最重要的作品，而他的弟子们在其去世后，却否认这种说法，即此可知，该书关涉古文经学院派创始人的思想变化，如果这种说法得到了学界的普遍确认，这将会对中国经学史产生很大的影响，这等重要之物若不能到手，将是何等的遗憾。我马上向朱先生确认，该抄本是否就是秋拍的重头拍品？朱先生笑着跟我讲，这不是拍品，仅是他们公司今年收购到的重要之书，没有出让的意思。

这个说法让我很不满意：勾起我的食欲，而让我仅看个影子而已。朱先生却跟我说，不要着急，他们已经知道该书的价值所在，近日内会将其做限量版的影印，届时必赠我一部。没过多久，我就收到了这本赠物。我感慨于上图公司做事之麻利，当然也佩服朱先生雷厉风行的性格，但在这里，我还是不想夸赞他，虽然他赠给我了这部限量版的第八号，但我觉得赠我第一号也不过瘾，因为影印本毕竟也就是过屠门而大嚼，哪里有原物能够满足我的饕餮之情。显然，这种说法有些丧良心，即便如此，也在所不惜了，谁让他勾起我的食欲又不让我吃呢。

《阅微草堂笔记》 ［清］纪昀　著

该书是文物出版社影印放大本，线装十二册。我收到了这大大的一函书，初始并不知是何人所赠，翻看该书，看到梁振刚先生在书内所附的大札，他在信中称，该书是通过翁连溪介绍，而由文物出版社影印出版者。看到了这个便笺，我马上明白了梁先生影印该书的原因：因为该书的作者纪晓岚乃是梁先生的乡贤。

梁振刚先生是我特别钦佩的书友，他身居要职，却始终对传统文化有着发自内心的酷爱，这种爱不同于一般的官员只是为了家乡文化做贡献。梁先生的事业已经跨越过乡邦文献这个传统的关注点，他对目录版本学有着自己的见解，不苟同于人，也不苟同

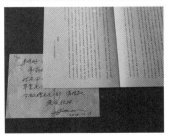

于定论，以自己的观念来系统疏理他所关注的历史文献，更为难得者，是沧州一地在他的带领下形成了一个研究藏书文化的小沙龙，这个沙龙内的成员都能秉持着以文化为主体，以探讨学问为目的的收藏方式。

对于梁先生影印的纪晓岚作品，我倒并不意外。数年前，我前往沧州寻访时，在他的安排下，顺利地找到了沧州地区的多处历史遗迹，每到一地都会受到当地文化部门的热情接待，由此可证，梁先生在当地有着何等的号召力。

对于纪晓岚，其实我也有一些问题未能搞得明白。他所主抓的《四库全书》是中国历史上极为难得的伟大工程，然而他个人著述却极少流传。很多人都替其解释，认为他把精力都粹于编纂《四库全书》之中，因此没有余力来搞自己的撰述。但我对这种说法表示怀疑，究竟怎样能够更客观地来解释这个现象，待我下次见到梁振刚先生时，再细细地向他讨教。

金石博古钤印扇

该扇为朱旗先生所赠，这也是我们上次在北京见面时他给我的见面礼，因为他当时给我看了《孟子私淑录》的书影，我本以为这件必得之物定能收入囊中，而后得知这个书影仅是让我欣赏一下而已，当时我觉得朱先生是在故意气我，以致于他赠我这把珍贵折扇的美意也让我忽略到了一边。而今冷静后细思之，我觉得有必要在此遮掩一下我的小肚鸡肠，所以还是要在此夸一夸该扇是何等的有价值。

从清末开始，中国古旧书的流通形成了北京和上海两大中心。在二十世纪五十年代初，经过公私合营，这两大中心各有几百

家的古籍书店进行了相应的合并，北京的旧书店基本并入了中国书店，而上海一地则合并进博古斋中，因此博古斋成为了中国南方地区最大的古旧书店。

当然，公私合营并不单纯是将书籍汇集在了一起，同时也包括相关物品，比如碑帖等等，而博古斋更为特别之处，是在当年合营时，将上海著名的艺苑真赏社也并入了博古斋中，而艺苑真赏社是以藏字画和印章为主要擅长，可能是这个原因，使得博古斋收藏有数量较大的名人篆刻印章，这也正是博古斋不同于其他古籍书店的地方。

近些年篆刻艺术持续升温，相关的印章价格飞涨，而这些印章所钤盖之印谱也广泛地受到藏家宝爱，于是博古斋所藏的名家印章更加受到了世人的关注，为了能够满足需求者，博古斋偶尔会钤盖很少的印蜕来赠送给嘉宾，当然，相应的销售我并不了解，而这样的宝扇我则是得到了第二把。如此珍贵之物，这当然会让我感谢朱先生的美意，我觉得这种印蜕就如同宋代五大官窑的瓷片，虽然不是整器，但毕竟也算尝鼎一脔。

《鲁拜集》 [波斯]奥玛·海亚姆 著

该书为俞晓群先生所赐。这部书的出版，我大概在去年就有耳闻，这个传闻讲得神乎其神，称海豚社为了能够还原西洋珍本的原貌，下了极大的工夫，他们动用不同的关系，

来跨行业跨部门地制作该书，为了能够尊重传统，该社甚至从英国请来了做书专家来任技术指导，这样的做书方式至少我在中国的出版业，还未曾听闻过。

而今见到该书的制成品，还是让我有着惊艳的感觉，其尺寸之大超我想象，我觉得该书的尺寸比寻常所见的大八开还要大，尤其封面的制作，立体感之强，简直像一件艺术品。此书制作了五百部，均为编号发行，我所得者乃是第 296 号。

翻看该书，其内页用纸也很是特别，依我的感觉，这种纸适合于制作西洋版画，因为其能够表现出原版的凹凸感，然本书制作却是平面印刷，这应当是该书的一个小遗憾。求完美也是一种偏执，能够把一部西洋珍本制作到如此惟妙惟肖的程度，正是今人所强调的工匠精神。把任何一件事情做到极致，这本身就是一种艺术。

《伦敦的书店》 杨小洲 撰

　　该书的精巧，我在上个月就已经有了赞叹，而本次见到杨先生时，他又赠我一部，因为他告诉我，上次所赠只是该书，而本次则变成了两册，其中一册乃是同名的笔记本。这种作法，用行业术语来说，应该叫作文化衍生品吧。杨兄对我的这句说法未置可否，看来，他觉得我的这句赞语太过庸俗。

　　其实我的这句话，是有感而发者，因巧合的是，在此之前不久，我也正跟袁鸿蕙、崔冬梅商议制作芷兰斋笔记本的事情。这个建议乃是由布衣书局胡同先生所提议者，因为他告诉我，喜欢笔记本的人跟喜欢书的人并不完全叠合，这是另外一种群体，因此不妨将跟书有关的概念，嫁接到笔记本中，以此来让更多的人感受到何为古籍之美。我觉得他这个建议是极好的，于是就找到了袁、崔二位女史，请她们帮助我实现这种想法。经过几次的探讨，最终定下来的方案，我也提供了相关的书影，而该笔记本也在制作之中。而今看到杨小洲先生的作品，当然有着一种本能的类比。

　　因为制作的缘故，我现在也开始关注一些笔记本的细节，比如我注意到杨兄所做的笔记本，其扉页用了一种特殊的纹饰，而更为重要者，该笔记本所用的仿真皮面，其内收口做成了明贴，并且在折页部分也做了印金处理，这些细节上的考量当然对我有着提示。

而今书籍的出版跟以往的环境大不相同，虽然对网络的冲击也有着不同的解读，甚至有人认为网上阅读反而促进了纸本书的销售，这种说法在此不展开讨论。但是，网上阅读的发达确实促进了纸本书的变化，为了能够展开竞争，纸本书在装帧以及衍生品方面，都下了以往不曾认真努力过的工夫。海豚社在这方面所做出的业绩尤其明显，而今杨小洲先生在海豚社内负责装帧设计，这使得他有了很大的挥洒余地，我期待着他能够制作出更多令我惊艳的产品。

《一个人的出版史》 俞晓群 著

这个系列的出版，让我对俞先生有了更全面的认识，他不仅仅是个有心人，更多者，则是他体现出了一位传统出版人的本色，那就是有着存史的概念，他无论在工作，还是生活中，有意地留存下这么多有价值的史料。他的这个习惯让我想起了胡适先生，据说，胡适将生活中各类有信息的文本和纸片都会一一保存下来，并且将其装订成册，这给后世留下了极其丰富的史料，有些看似不经意的寻常之物，却能够成为后世研究

人员极为有用的物证。至于到俞先生为何有这样的好习惯，他的这个习惯是否是学自胡适，这一点我没有向他求证，这也说不定仅是他个人习惯的一种暗合。

历史就是这样，过后才觉得珍贵，而好古之人都有着贵远贱今的习俗，能够打破这种习俗者，其必是一位有着历史远见之人。

《张爱玲丛考》 陈子善 撰

该书为朱立利先生所赠，这也是我跟朱先生聊天时的意外所得。某次我跟朱先生等人商讨拙作的装帧，朱先生提到了关于上下册之书要有着前后呼应的设计，他的一番讲解让我始终不得要领，于是他向我出示了子善先生的该部书。其实此书我早已见过，当时我对该书的关注点只是其封面的材质，因其所用乃是一种质地

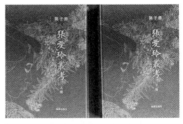

滑润的、有着丝光感的织物，而封面的图案所呈现出的淡雅，也让我觉得这是中国传统线装书封面的色泽，而后又添加上了中国古代白描的图

案，而这两者的结合，却显出了传统剪纸的效果。余外，我看不出更多的高妙之处。

显然，我观察上的粗疏，确实没有让我发现本书的绝妙设计。朱先生把该书的上下两册正反并列排列时，我却看到了意外的效果：两书并在一起，方才展现出这幅白描图案的完整形象，只有这样将两书正反并列，才能看到完整的张爱玲图像。我不知道这种设计是不是想说明这个问题，看来，我有必要向作为张爱玲专家的陈子善先生去求证一下，他为何以并列的形象来暗喻张爱玲。且不管子善先生有着怎样的答案，但至少海豚出版社的这种设计令我叫绝。

《中国国学院院长访谈录》 李凡 著

李凡女史原本在国学网做一份刊物的主编，我跟她的相识是缘于接受过她对我的专访。后来，她离开了这份刊物前去读博。几个月前她给我来电话说，准备将以往采访各地国学院院长的访谈编为一本书，我当然觉得这是个好的动议，因为此前我还没有听到有一本专门采访国学院院长的著述。但李凡说，她会把对我的采访也放入该书之中，问我是否能够同意，我感谢了她的美意，因为附骥于此也算与有荣焉，但毕竟还是名实不符，无论如何，我也没混上个国学院院长当当。所以将我的言谈放入文中，显然无法归类。

李凡把我夸赞一番，说我的水平并不比那些国学院长们低，我当然只把这当一种好听话来听，她既然认为能够并进去，我也就从善如流吧。

而今，我很快得到了她的这部大作，其出书速度之快让我特别地羡慕。翻看该书，我读到了那些国学院院长高瞻远瞩的宏论，而我自己的絮絮叨叨也能汇入该书之中，站在这个角度而言，也只能真心地感谢李凡女史的美意了。

《春游词稿》 <small>张伯驹 撰</small>

该书为梁振刚先生所赠，此书为影印本，仅制作了 100 部，能得到这样的馈赠，真的让我很高兴。

近期我在撰写关于词人方面的文稿，而梁先生所赠的这部影印本其首页就是张伯驹的《春游词》，这可真是雪里送炭，最为难得者，是梁先生并不知道我在写这类的稿件，他的无意之赠却如此契合我心。虽然说，"心有灵犀一点通"指的是男女之情，但我觉得以此来形容兄弟之情也没什么不恰当。

我对张伯驹本来就有着特别的偏好，我首先佩服他是一位不计功利的大收藏家，他所藏的珍贵字画除了《春游图》，更让我欣羡的则是李白的《上阳台帖》，这可是李白流传至今唯一真迹，能够曾经拥有就足以荣耀三生，而张伯驹却能将其赠送他人，这样的雅量古今罕有。

余生也晚，没能得见那个黄金的收藏时代，这其实只是一种遁词：既使我赶上了那个时代，他的那些珍品我也没有实力拥有，想一想，还是在这里无病呻吟地感叹几句最为轻松。但这些年来，我也搜集到了不少跟张伯驹有关的真迹，比如他的绘画、他的书法，以及他夫人潘素的绘画，和张伯驹等人唱和的诗稿与词稿等等。这也算我对这位大收藏家所表达出的崇敬之情吧。

但梁先生所赠送的这部词稿，我却未曾目睹过真迹，从页面的涂改来看，这应当是一部初稿本，而其难得之处，也恰在于此，因为可以通过这些修改，来进一步探求张伯驹的心路历程。能拥有这么一册手稿，令人欣羡。

《怀土小集》　王稼句　著

这是一部毛边本，王兄在近年所出之书大多都有毛边本的制作，这份坚持倒也难得。而我对于毛边本，则始终处于可有可无的心态中，因为这样的书读起来颇为费事，所以我觉得毛边本更多的是一种收藏品，要读内容，则需另外购一本裁边本。显然这也是个麻烦。

我对稼句先生的著作有着一种偏好，这不单纯是因为他文笔上的特殊，更多者是他这几年致力于搜集苏州当地的文献，而后以专题的形式出版，每一书都有着侧重，深度解读苏州一地的历史文化。他这本书的书名是一种谦逊，《论语·里仁》内记载孔子所言，"君子怀德，小人怀土"，这应当是我所知道的"怀土"一词的最早出处吧。显然稼句兄属于君子之列，好在章炳麟在《訄书》中说过，"万物莫不知怀土而乐归其本"，既然万物都怀土，那人也应当是万物之一吧，所以"怀土"在此又变成了正能量。

我真想将稼句兄的这部《怀土小集》裁开了看看，他到底怎样来解读他所认定的怀土。可是这部书既是毛边本，又有他的题赠，我还是没舍得"凭着我折柳攀花手，直煞得花残柳败休"。

《子卿印痕》

该册页乃是袁鸿蕙女史所寄来者，她告诉我说，故宫紫禁书院的艺术顾问孙刚辉先生得知对我藏书印有兴趣，而他也有类似的爱好，于是就钤盖此折页让我来欣赏。我感觉到他的印章更擅长的地方是那些图像

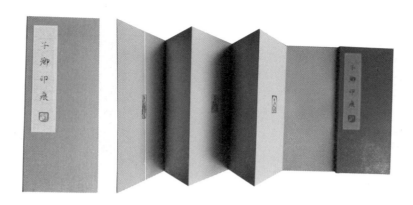

印，他所制作的这类印让我想到了姚芒父所偏好的颖拓，看来今后若想刻制这类风格的印章，则可有求于孙先生。

《国图日历·本草养年》

近两年台历颇为风行，各家出版社为了适应市场，纷纷推出相关的作品，此为国图社出版的第一本台历，乃是由王燕来、袁鸿蕙和崔冬梅所策划和设计者，其在设计上也确实做到了突破。尤为有趣者，我所得到的这册台历内，还附有一个别致的小纸袋，上面印着"荠菜"二字，细看里面的物体，估计是荠菜籽的颗粒，不知道这是否是

让读者在翻阅台历之时，还能有着亲自稼穑的功效。这个设计可谓别出心裁。

《古都之美·北京的巷陌民风》

　　这册台历乃是黄鲁女史所赠，收到之后我感谢她的馈赠，她让我多提意见，这时我才知道，原来这个设计正是出自黄鲁之手。翻看台历里的照片，几乎每一帧拍摄得都是那样精美，这让我感叹于自己在摄影方面的多年不长进。但不知为什么，我看到这个名称时，总会想到自己跟安妮宝贝所出的那本《古书之美》，以至于我跟她电话聊天中，总认为她所说的乃是拙著。我的这种心态，不知道会不会被她所暗笑。

《中国书房》 刘大石 主编

几天前，故宫的朋友告诉我说，有人办起了一份杂志，名为《中国书房》。这个杂志的出品人和主编想对我进行采访，我对这样的刊名颇感兴趣，于是同意朋友将电话告知对方。经过联系，我前往该公司一坐，于是在那里见到了该书的出品人许石如，以及该刊的主编刘大石。与两位先生聊天颇为愉快，从那里了解到了他们的办刊宗旨，尤为难得者，是听到了他们对文化的尊重态度，这样的聊天当然彼此快乐，而刘大石先生还赠送给我一幅他的画作，虽然是寥寥数笔，却能看出他的志趣所在。

《词学胜境》 唐圭璋 著

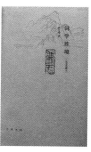

该书是毛边本，为中华书局的李世文先生所赠，而这本书对我而言，也有着雪中送炭的惬意，因为最近恰好在写词学方面的书，没想到竟然连续得到这方面的馈赠。此书的扉页上钤有唐圭璋先生的印章，可惜此印钤盖得并不清楚，这应当是个小遗憾。但以唐先生在词学方面的大名，能够拿到他的印章予以钤盖，这本身就是一种难得。仅凭这一点，我就应该感谢世文兄的美意。

《唐诗之美日历》

这本日历也是李世文先生所赠，他告诉我说，为了编这本日历，他下了很大的工夫，因为在市场上出现了太多的同类产品，要想出奇制胜，就必须做出特色来。世文兄的做事认真，我早已

领教，他为了将书稿精益求精，宁可受到朋友的抱怨，也会坚持自己的原则。这样的编辑于今而言极其难得。而对于这本精美的日历，他依然有着近似苛刻的自律。

《龙头凤尾》 马家辉 著

马先生的这部大作应数今年风头很劲的一部小说类作品，我上次在香港跟他见面时，就听他聊到了这部书在写作过程中的一些趣闻，同时这也让我感慨写小说的不容易。以往我有一种偏见，认为虚构类作品要比非虚构类作品写得容易，因为这类的书可以凭着想象任由自己的思绪

随便地挥洒。而非虚构类则不同，因为想说出每一个断语，都需要自己找到相关的历史依据。随着我跟小说家的接触，这个观念渐渐有所改变，而跟马先生的聊天，则更让我知道，由纪实作家转变为小说家，身份的转换看似容易，'且要写出一部令人惊叹的作品，这绝非是能够查得一些史料就做得到。

近年来有几位朋友都做了这方面的转变，这种情形令我也跃跃欲试。但马先生告诉我，写小说是何等的不容易，以他的这种绝顶聪明，都会感到从事这方面创作的费心费力，看来我也别轻易地做这方面的试尝。

该书为林妮娜女史所赠，妮娜现在主政一家文化公司，这不知道是否是该公司所引进的第一部海外版简体字本。在这么短的时间内，就能出版这等重要的著作，真佩服妮娜在工作方面的能力。

《笺边漫语》 柳向春 著

与柳先生的相识乃是经过刘蔷老师的介绍，而后我方得知柳先生乃是复旦大学目录版本学专家吴格先生的弟子，这可谓

名师高徒。与柳先生聊天，能够体味到他那种饱读诗书的文雅，而这部专著也恰是我感兴趣的话题。对于近代学人手札的研究，这也是近来的学术热点，因为手札与著述不同，从这里面更能读到不为人知的背后故事。而柳向春的这部专著定然也是我的手边工具书之一。

《故宫日历》

近年的台历热应该归功于这部《故宫日历》，因为正是这个小红本，带起了一种新的出版热潮。2017 年版的《故宫日历》，其内容仍是故宫内所藏的珍宝，这是他家无法比拟的优势，因为故宫内的好东西太多了，随便选出一个小专题，都能编出一本日历来。但要能够推古出新，这仍然需要设计者动一番脑筋，《故宫日历》的畅销当然跟设计者的努力密不可分。

《觅宗记》　韦力　著

这是我文化寻踪系列的第一部成品，该书的出版首先应当感谢刘晶晶女史，正是她的介绍才使得上海文艺出版社同意出版拙作。而该书的责编是肖海鸥女史，经过她的费心校对，该书得以面世，所以当我拿到这个样书的时候，首先应当感谢者，就是这两位老师。

肖老师寄给我的这两册样书，其实并非正式出版物，她说这只是打样，以便让我看到全书的概念，这样的认真，也让我颇为感动。肖老师说，正式的出版物要比这个样品还要漂亮，因为封面会变成有着凹凸的立体图案。

为了能够展现我的寻访过程，刘晶晶与肖海鸥两位老师跟该书的美编通力合作，设计了一张寻访点的地图，这种图乃是选择一幅古代的舆图，图中标示出了我在书中的寻访之点，看到图中显现出这么多的地名，这份辛苦连我自己都有所感动。做成一件事情很不容易，如果没有她们的帮忙，这个成果不知道何时才能够呈现。

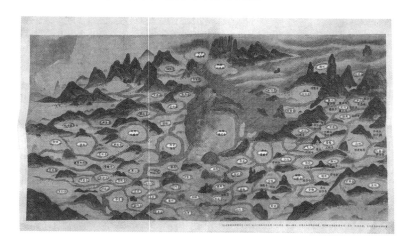

头条号芷兰斋

前几天，接到今日头条公司工作人员打来的电话，他首先恭喜我获得了该公司的奖项，我对此不明就里，工作人员向我解释说，我在该公司所发的文章因为质量高，且受读者欢迎，经过他们的评选，给了我这个奖项，所以他向我确认地址，以便寄来奖牌。果真，转天就收到了这个快递。这块奖牌是在一块菱形的玻璃上刻着"山不在高"，我想，这句话的潜台词应该是"有仙则名"吧，而下面小字则刻着"头条号芷兰斋：有些美好，不需要所有人知道"，这两句话倒让我寻思了一番，既然在其网上发文章，还是想让更多的人能够知道什么是真正的美好。我觉得头条号把这句话刻在奖牌上，应该是在激励我要更加努力，以便让真正的好的传统文化令更多的人去欣赏，去爱。

2016年

11月

《萋香轩文稿》 ［清］裕瑞　著

　　该书我久闻其名，至今方得到原物，这
要感谢史梅老师所赐。一个月前，清华大学
图书馆的刘蔷老师来电，她告诉我说，复旦
大学古籍保护研究院的杨光辉先生来京开
会，一同前来者，还有南京大学图书馆的史
梅老师。

　　刘蔷说这两位老师都是她的好友，她
将以朋友身份，招待这两位朋友，希望我能去作陪，我曷敢不应命。当
晚，北京下起了难得一见的秋雨，一路的堵车使得我比约定时间晚到了
20 分钟。我一向号称守时守约，老天不就成我的这个"恶习"，搞得我
赶到之时，连连向在座的各位表歉意。

　　史梅老师是第一次见面，她说来清华是为了参观该校的博物馆，因
为南京大学也要搞本校的博物馆，而史老师同时兼任该馆的副馆长。我
跟史老师是第一次见面，她说话的爽快颇能感染在座各位的情绪，这样
的轻松，最让人感到惬意。史老师不经意间地问我，是否买到了潘重规
的一批旧藏？她既然点题，那当然说明她已经了解了情况，我则坦然承
认。但史老师却能进一步地点出我买到了哪些难得之物，她的这番话可
以用"门儿清"来形容，我当然要反问她，何以知道得如此详尽。

　　史梅告诉我，我得到的那批潘重规旧藏，是从嘉德拍卖会拍得者，而其中最有价值者之一，就是裕瑞的稿本《妻香轩文稿》。而后，她又讲到了我拍得的明弘治铜活字本等等。她连续点出了十几部难得之本，其同时又称，她最看重的，就是《妻香轩文稿》。

史梅的这番话勾起了我极大的好奇心，看来她有写悬疑小说的潜质。在我的一再追问下，她方给我揭开了谜底：原来潘重规去世后，南京大学图书馆一直与其家亲属接触，而潘重规的旧藏，其中精品部分，以一千万元的底价，拿给了嘉德拍卖行上拍，剩余的大量藏书，则全部捐献给了南大图书馆。

原来是这种情形。我问史梅，为什么南大不将潘重规所有藏书一并买去？她说，这是经费问题。而后她又告诉我，潘重规亲属所捐之书，还有不少的复本，包括潘在香港中文大学新亚书院所印的《妻香轩文稿》。

闻其所言，我马上追问：能否得到其中的一册？因为是复本，我可以用其馆未藏之书进行交换。史梅笑着答应了我的这个不情之请。此后不久，果真得到了包括该书在内的五种旧藏。

关于《妻香轩文稿》的价值，我曾做过一个访谈，这个访谈的内容后来登了《中华图书报》上，所讲主要就是，论证裕瑞的《枣窗闲笔》真伪问题，在这里我不再复述。但我知道，当年潘重规买得裕瑞的这个稿本时特别激动，因为裕瑞对《红楼梦》有着特别深入的研究，而在此之前，关于脂砚斋所批的真伪，以及曹雪芹的长相等问题，大多是用《枣窗闲笔》来作立论依据，而《妻香轩文稿》的发现，几乎推翻了以往的认定。

也正因如此，潘重规在 1965 年，把《妻香轩文稿》影印出版，以此为公布于世，故而该书的出版对"红学"界，影响甚大。然而，不知什么原因，这个影印本却没有完全按照原稿本的面目，其区别是：原稿所用的竹栏笺纸本为红色，而此书影印之时，却变成了绿色。之前我仅在网上搜到过该书的图片，不能印证这张图片的色彩是否做过修改，而今得到了原影印本，竟然全部都是绿格印本，这让我难以明白潘重规这么做的理由：既然是极其重要的物证，那最好要本着百分之百的原味儿来呈现，这才更有说服力，否则，任何小的变动都会引起反对者的质疑。

也正因如此，史梅老师所赠该影印本，对我有着特别重要的价值，我将此本拿来跟我所藏的原稿进行核对，发现两者之间一个字都不差，这才让我悬着的心放回了原处。

《红楼梦脂评之研究》《新编红楼梦脂砚斋评语辑校》 陈庆浩　著

这两部书也是史梅老师所赐。脂砚斋批本，可谓是"红学"界的一大话题，该批本的原件我未曾见过，但其影印本我却见过多种。对于陈庆浩的这两部研究著作，我之前仅看过他人的引用，而原件则是第一次得到。

对于古代小说的重视，这仅是1919年"新文化运动"之后的新生事物，在此之前，藏书家对于小说一向轻视。也正因如此，关于小说本身的研究，以及小说作者的相应情况，大多是一笔说不清的糊涂账。也正因"五四"之后，大批学者对此做了深入的探讨，这才使得读者对一些模糊的事情，渐渐地立体了起来。虽然这种争论到今天仍在延续，但我认为这是好事情——理不辨不明，越有争论也越说明该问题有更多的人对此有关注。

《树新义室书话》 黄永年 著

该书为未来出版社总编辑陆三强先生所赠。几个月前到西安访古，在李欣宇先生的安排下，某晚到陕西师大聚会，在座者有陈根远、黄寿成两位老师，同时我也第一次见到了陆三强老师。陆老师也是黄永年先生的弟子，故而他对目录版本学颇为在行，与几位行家聊天，当然有说不完的话。回来后不久，我就收到了陆老师所赐的两本书，而此为其一。

这本书是毛边本，书前贴有藏书票，根据编号得知，该书的毛边本制作了 100 册，而此为第 8 号。藏书票的制作者，乃是西安的藏书票设计家崔文川先生。该书无论装帧，还是书票的设计，看上去都十分的庄严典雅。

翻看该书目录，其中一篇乃是黄永年先生所写的《跋明嘉靖刊本

〈白氏文集〉》。半年前,黄寿成老师给我来电话,他知道永年师旧藏的该书现在我处,于是向我索要该书的高清图片,因为他想将此编为一书。而今我所提供者,收录进了该书,唯一的缺憾,则是书影印成了黑白,无法完全地展示永年师书法的精彩。

《书者生也》 辛德勇 著

该书也是陆三强老师所赐,为其社出版的"西京书话丛书之一",同样是精装毛边编号本,也同样是第8号。由此可见,陆老师是位细心的人:赠书予他人,还要尽量考虑给同一个编号。

辛德勇先生也是黄永年的弟子,他在目录版本学方面,确实得到了黄先生的真传。我每次跟辛老师聊天,都能听他讲到对目录版本的新见解,尤其让我敬佩者,是他能够突破业界固有的认定,从不疑处生疑,而后得出自己全新的见解与结论。这让我跟他的每次聊天,变成了心理的磨炼历程,我总是哀叹:"您把任何问题都研究得如此透彻,真的让人没法活。"辛老师每次都认真地说:"我就是干这个的。"

虽然得到的这册是毛边本,但我还是忍不住拆开来阅读。从序言中可知,他的这部专著所谈的内容,依然是有关藏书和书籍史的研究。从内文看,辛老师的行文风格依然是他的那种严谨而不艰涩的娓娓道来,每呈一文，都要有所发明，这样的律己，让我顿生惭愧，因为我写的不少文章，也不过就是拉杂地聊一些小故事而已。

《云心石面》

该书的副题为"上海博物馆、无锡博物院明清文人篆刻展"，该书为无锡博物院副院长蔡卫东先生所赠。今年年初，蔡先生就在电话中告诉我，他们馆要在今年年底跟其他馆合办印谱展，同时要召开篆刻学研究会，他邀请我去参加此会，并且要求写一篇论文。

其实我对篆刻没什么研究，虽然我也藏有几百方的印章，但那些印章均为不同的师友为我刊刻的藏书印，而对于古印，我却未曾收藏。因此对于此道，我也没什么见解。

然而，我却喜欢收藏古代的印谱，近几年，印谱价格大涨，从整个市场来看，最受欢迎者，依然是篆刻名家之谱以及流派印谱，而相应的古谱，似乎并没有从价格上体现出其内在的价值。比如说，我特别关注乾隆年间的汪启淑印谱，按照文献记载，汪氏总计制作了 27 种印谱，其中名气最大者，乃是《飞鸿堂印谱》。余外，今日能够得见者，也仅十几种，而这个数量仅仅是他制作印谱品种的一半。

从印谱角度而言，汪启淑所制作印谱品种之多，可谓空前，是否能够绝后，这不好说，但他却是中国印谱史上最为重要者之一。可惜的是，汪启淑所欣赏的印学观，并不符合今人对篆刻风格的偏好。翻看蔡先生所赐该书，里面所收者，重点还是名家印谱，而对此，我却没什么"高见"，因此也就不敢接受蔡先生的盛情邀请。

翻看该书，我有些后悔自己囿于成见，未去参加这个盛会，因为里面所展示之印，基本都是这场盛会的展品。我在里面看到了潘伯寅、吴大澂等著名藏书大家的收藏之印，这些印章我时常能在他们的旧藏以及书画作品中看得到，然而原物我却未曾亲睹，错失掉了这样一个机会，真的让自己有些懊悔。

《瀛涯敦煌韵辑别录》 潘重规 撰

该书也是史梅馆长所赐。潘重规除了在"红学"方面下了很大工夫之外，另一个研究方向，就是敦煌学，此为他在这方面的研究著作之一。古人治学，因为腹笥深厚，所以他们尽管同时在多个学科做深入的研

究，然却在每个方面都能做出不低的成就，仅凭这一点，就会让我辈时有望洋之叹。

《量守居士遗墨》 黄侃 著

该书亦为史梅老师所赐。此虽是国学大师黄侃的作品，然而潘重规乃是黄侃的女婿，故该书应是由潘先生收集出版者。潘氏旧藏精华部分交给了嘉德公司上拍，这些上拍之物除了书籍，还有一些旧时黄侃的书法作品。相比较而言，中国的收藏者中，以书画爱好为最大宗，故而同一个人的作品，书法的成交价大多高于书籍，于是有的人就会把一些学者的手稿拆散开来，裱贴成书画界所喜爱的镜心或者手卷，其成交价格大多会高上去不少。这样的结果真让人感叹。

书画界还有一个习惯，那就是喜欢在以前出版的画册中寻找原件作品，这被称之为"带著录者"，而一旦寻得，则会大大提升原件为真迹的可靠度，而本书内，则是黄侃手稿与书法作品真迹影印件。翻看该书，我看到了黄侃所书的"日有喜斋"横批，此物的原件也曾出现在嘉德拍场上，我想将此拍来挂在自己的书房内，没想到，成交价远超我所估，终为他人所得。而今翻看该书，方明白其著录原来出自此书之中，由此让我得以释然：原来著录在这里，看来那位拍得者比我查书更仔细。

《竹伴愿堂百回春》 浙江省博物馆　编

　　该书的副题为"纪念郦承铨先生诞辰 110 周年"。我对郦承铨这个名字特别熟悉，二十余年来，我买到他的旧藏大约有十几部之多，并且有不少书中都有他的批语。其实，对于郦先生的事迹我了解较少，因为姓氏的原因，我总猜测他应该是郦道元之后。

　　前一度，我在所写的书跋中提到了郦承铨，可能是这个缘故，某天我收到了一封署名为"郦家驹"的电邮。家驹先生称，他就是郦承铨的后人，他感谢我在文中提到了他的父亲，同时告诉我说，郦家的几位后人在共同地编辑一部关于乃父的书，待成书后会赠给我一册。

　　我在回信中感谢了郦家驹先生的美意，同时报上自己的邮址，而后不久就得到了这样一部书。

　　翻看该书，我第一次得见郦承铨先生的肖像，虽然他跟我的想象有些差异，但其身上所具有的中国文人气质，却让我看上去颇有亲切之感。

翻看该书，里面收录了许多郦承铨的书画作品及其题跋，看到那些熟悉的字迹，以及那熟悉的印章，我感到自己收藏他的题跋之书，真是个正确的决定。

有意思的是，郦承铨的旧藏大多出自海王村拍卖行，这应该都是本自中国书店的大库，看来郦承铨的藏书可能在某个时段，统一地售卖给了中国书店，这应该是一段有意思的书林掌故，我希望今后能得到郦家驹先生的证实。巧合的是，这部书也是由中国书店出版社所出版者，说不定跟那批书的归宿也有一定的关联吧。

《听雨文余：高贞白书画》 汇正艺术 编

该书为戴新伟先生所赐。戴先生原本主政于《南方都市报》文化专版，从今年开始，他前往广东崇正拍卖公司任职，这个转变也算跨行，但未曾料想的是，他来到拍卖行后，出版了许多有价值的专著，这是我未曾料到者，看来，有才气的人到哪里都照样发光。

对于高贞白，以往我略有了解，这缘于我藏有他所写的一幅书法中堂，而其内容则是跟藏书有关，这类的书法作品，无论书写者本人是不是藏书家，都能够点中我的穴位，这也同样是癖于斯吧。而高贞白的绘

画作品以往我未曾留意，翻看这本画册，能够感受到这位高先生的传统功底颇为深厚，同时又能突破传统概念的拘囿，展露出自己的面目。看来，对于他的绘画，可以套用一句广告语——"你值得拥有！"

《双照楼诗词稿》 汪精卫 著

该书为深圳王磊先生所赠。本月初受中华书局俞国林先生之邀，前往深圳做讲座，我因为有自己的私念，故而提前一天前往深圳，而俞国林因为局里有会，只能按即定时间前来。没想到他却赶上了大雾，最终航班取消，所以他只能请深圳出版发行集团的王磊先生予以接待。

我在机场见到了陈新建先生和王磊先生，经陈兄介绍，我方得知王磊也是位爱书之人，三人聚在一起，当然有聊不完的话题。而王磊对于书界的熟悉，远超我的想象，他的很多话语用以前的时髦话来说，真可谓"透过现象看本质"，这也正是我对他佩服之处。

到达酒店时，王磊先生赠此书给我，他说该书乃是在香港印制者，毛边本仅做了100册。这样的难得之书受其馈赠，我当然表示了自己的谢意。

对于该书的作者汪精卫，虽然历史上的评价几乎是一面倒，但以公允的态度来说，可以套用"人是人，文是文"这句话，他的才气不容低估。尤其

在今年下半年，我在写一本关于词的书，而今读到了王磊的这部赠书，这让我思索是不是也应当把汪精卫的著作收进拙作中。

《尔雅书画》《般若丹青》 东莞市政协、东莞市博物馆 编

　　此为莞城图书馆馆长王柏全先生所赠。此次的深圳之行，我向陈新建先生提出，想到东莞图书馆去看书。产生这个念头的原因，是民国间在当地出了两位大藏书家，一是莫伯骥，二是伦明。尤其莫伯骥，如果从数量来说，他应当算是民国年间属一属二的大藏书家，可是关于他藏书的归宿，我却一直有着疑问，所以特别想到当地的图书馆去看一下，那里到底藏着多少五十万卷楼的旧藏。

　　然而陈先生却告诉我，东莞图书馆虽然也有少量的古籍，但似乎那些古籍跟莫伯骥无关，而与之有关者，却是藏在莞城图书馆。我却搞不清这两馆之间有着怎样的关系，既然如此，当然希望前往一看。而后在陈先生的安排下，得以见到了东莞政协文史委员会的李炳球主任，而后在李先生的安排下，前往莞城图书馆参观。

　　幸运的是，我在该馆内看到了多部莫伯骥的旧藏，同时了解到，该馆的领导对东莞一地的前贤著作特别重视，为此，他们组织了这样的一个大型展

览。而邓尔雅的墨迹，虽然我仅藏有几幅，但他的作品却时常出现在拍卖会上，该馆能够印制这样的画册，对于邓尔雅的研究，将是一个大大的促进。

《东莞当代学人》《东莞现代人物》《东莞历史人物》
东莞市委宣传部、东莞市文学艺术界联合会　编

　　该书为李炳球先生所赐。此程的寻访得到了李先生大力的支持，而更让我有收获者，是他在现场的讲解。李先生对当地的人文历史特别熟悉，他有着学者的客观，能够冷静地向我讲述，当地的一些文化名人对于那个时代所做出的贡献。对于我的微信公众号，他也予以关注，故而他对我的写法颇为了解。于是，他赠送了我一套这样的大书，同时告诉我说，当地的文化名人基本荟萃于此，我若还有访他人的想法，可由此书来找线索。

《耕读》　东莞市农业局　编

　　去深圳之前，我跟陈新建先生提前做了沟通，告诉他我的欲访之点，而后陈兄告诉我，他跟东莞市的沈胜衣先生打了招呼，沈先生会安

排我在当地的厂处参观。然而到达深圳时，陈兄告诉我，沈先生因为有重要会议赶到了外地，但他已经提前做了安排，而同时由他单位的工作人员带领我们录访，故而这一天的东莞之行变得颇为顺利，其中我也得到了沈先生所馈赠的该刊。

这部刊物印制得颇为别致，为四色全彩印刷，分春、夏、秋、冬四季，在里面我看到了扬之水老师的文章。陈兄告诉我，沈先生跟扬之水老师是关系不错的朋友。难怪他能够约到这样高质量的稿件。

《莞城历代诗词选》　莞城图书馆　编

该书也是莞城图书馆馆长王柏全先生所赠。我在该馆看到了杨宝霖先生的专藏，对于杨先生我更为熟悉者，是他所点校的跟词集有关的著述。今年下半年，我在写跟词集有关

的文章时，多有参考杨先生的相关专著，而今又得到了他所辑当地文人的词选，这当然对我而言，是雪中送炭的一部书。

《发现麻涌》　南梅先生　著

　　此程的东莞之行，首先是来到了东莞市的麻涌镇，来此是为了寻访莫伯骥的遗迹。在李炳球先生的介绍下，得以认识南梅先生。南梅先生对当地的人文历史了解得特别详尽，他带我等参观，每到一处，都能讲出相关的历史掌故。我本以为他是当地的土著，然而他却告诉我，自己原本在江西鹰潭的龙虎山当道教博物馆馆长，后来莞城公开招聘文史专家，于是他就应聘来到了本地，而后他的精力就都用在了研究当地的人文历史方面。

　　参观完毕后，南梅先生带众人来到了麻涌镇的办公处，他继续向众人讲解着当地的历史，同时将该书赠送给我，因为里面收有跟莫伯骥有关的资料。

《杜诗二字构辞类辑》　莫任劬　著

　　该书是南梅先生所赠。我从书名上未能搞清书内所谈的内容，回来后翻看，原来是将杜诗中的一些二字词，进行逐词的分析，这是一种别样的视角。在之前，我未曾看到有人以这样的方式来研究杜诗。

该书的作者名为莫任昫，不知此人跟莫伯骥有着怎样的关系。

《伦明评传》 罗志欢 著

此书为李炳球先生所赠。该部书对我撰写伦明遗迹的寻访特别有用，李先生告诉我，关于莫伯骥的研究，当地人也写出了相关的专著，大概一个月后就能出版。听到这些真让我感慨，如果各地的文化官员都能组织相应的专家，来写出当地名人的传记，那将给实用者和读者带来太多的便利。

《兰台万卷》 李零 著
《不发表 就出局》 李连江 著

这两部书均为深圳尚书吧的陈新建先生所赠。李零的著作近年大火，他那别样的论述方式总能出人意表，然而他研究《汉书·艺文志》的著作，我却未曾拜读过。陈兄将此书赠给我，应当是想让我从另一个角度来拓展自己的目录版本学概念。而李连江的这部著作，则是陈兄在开车时讲到了他的老师，他说老师在思维观念上有着不同于常人之处，而后他向我复述了其师的一些观点，我同样也觉得这种思维方式不同于凡常，可能正是因为我的这句话，陈兄有了此书之赠。

《书海扬舲录》 沈津 著

该书为沈津先生的新作。收到这册赠书后，马上去电沈先生向他表谢意，沈先生称这只是刚刚拿到的样书，并且书内收有我跟他的合影照片。

翻看该书，果真在"看书要戴手套和口罩"一文中见到了这张照片，见此又让我回忆起当时的情景。几年前，受北大图书馆潘建国教授之邀，前往澳门参加目录版本学研讨会，其中一天则是前往参观澳门何

东图书馆，该馆拿出了多部善本，但这里却有个要求，那就是：看书之人必须戴上口罩和塑胶手套。虽然我参观过许多的图书馆，但这样的要求还是第一次遇到。而沈先生更加见多识广，他去过的图书馆比我要多许多，但同样也没有遇到过这种情形。

虽然说有的馆方在看善本时，也要求戴手套，但那种手套是用线和棉织就者。我对戴手套这件事一向不赞成，因为隔着手套无法感受到书籍的质感，虽然如此，这种要求也能接受。然而何东图书馆则是别样，因为他发给每个人的手套，乃是那种医用的胶皮手套，这种手套完全不透气，戴在手上，初始倒是有新奇感，俨然觉得自己是位外科医生，可是时间一长，手上出汗后就变得十分难受。也正因如此，我对何东图书馆有了深刻印象，而今拜读沈先生的这篇文章，又让我回忆起几年前的这段经历。由此可见，沈先生也是位细心之人，他能够把这些历史的有趣瞬间完全地保留下来。

《不蠹斋珍丛》 姚志彬 主编

该书也是李炳球先生所赠。其赠我此书，缘于我谈到莫伯骥手迹之难得。对于莫伯骥的历史，我以前的了解只是一些片段，缘于跟他相关的资料太少，尤其他的墨迹我从未见过。而本书中却收有莫伯骥写给卢子枢的几通手札，这正是我所需要者，也正因我所说的这番话，李先生有了此书之赠，可见他是位特别细心的人。

《桂林文物古迹览胜》 林京海 主编

该书为广西师大出版社的美编徐俊霞老师所赠。我的此程桂林寻访，原本是跟汤文辉先生所约，但汤先生说他正忙于广西师大出版社三十周年社庆之事，希望我错后再来。但到了今年年底，我的杂事特多，一旦推迟开这个空档期，后面的事情将不好安排，于是我决定转来麻烦徐老师。

徐老师是个认真的人，她看了我的寻访单后，特意找了一些参考资料，而该书正是她所赠资料之一。翻看书内的照片，真感慨于别人拍得是如此漂亮，真盼望自己的摄影技巧能有所提高。

《书之旅》

该书为徐俊霞老师所赠，因为此书的设计正是出自她之手，由此可见，徐老师在设计上有着不落俗套的审美。她听到我的夸赞后却说，书

籍更重要者是要让别人看着舒服，所以她不喜欢胶背书，她批评了我的《芷兰斋书跋》平装本，认为那样的书无法完全打开。而后她向我展示了这部《书之旅》，果真，翻开该书，无论到哪一页，都能展现180度的平面，看来这一点应当要向出版社多强调。

《恋猫物语》 ［韩］权润珠 图／文
《没有字的故事》 ［韩］李正圭 译

此二书也是徐俊霞所赠。对于前一部书，她应该是知道我对猫有着偏爱。翻看该书，里面的各品种之猫，确实让我喜不自禁。而她送我《没有字的故事》，

则是缘于我提到了自己正在请朋友制作笔记本，而她送的这一册，也正是"读库"所制作的系列笔记本之一。而后我们聊到了笔记本市场这个概念，看来不同的领域有着不同的认定。

《思考出版》《读者说》《书天堂》

这三部书均为广西师大
出版社 30 周年庆典纪念之
物。此书是该社编辑鲁朝阳
和马艳超两位先生所赠。虽
然这一段他们忙于社庆，但
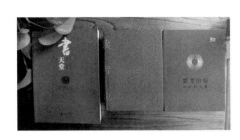
是汤文辉总编还是体谅我的寻访，于是某天他派这两位先生带我一同前
去探访古人遗迹，而后就得到了这几部赠书。

从外观看，这几部书望上去是红彤彤的一片，可能是社庆原因，中
国人喜欢红红火火吧。

《阅读看见未来》 魏甫华、瘦竹 主编

该书为深圳著名设计家韩湛宁先
生所赐，他是该书的设计者。我跟韩
先生相识于微博，但真正的见面，正
是这次的深圳讲座。我的讲座主题是，
关于鲁迅藏书，而韩先生却能听这样
的专题讲座，可见其心胸之宽广。而
后他将此书赠给我。翻看该书，在里
面看到了多位熟人，其中就有胡洪侠

先生，大侠依然以他那灵动而豪迈的口吻，讲述着他对巴金之爱。

《开卷闲话十编》 子聪 著

此为董宁文先生所赠。以我的偏见，董先生的性格最值得人敬佩之处，就是他的执着。他主持《开卷》多年，而后将每一期的主编评语汇为一书，这样的书竟然出版到了第十本，看来任何事情，只要能够长期坚持就是一种艺术。

《玉叩读碑》 王家葵 著

该书为布衣书局老板胡同先生所赠。前几天，《觅宗记》到达了布衣书局的库房，胡同命我前去给这些书签名，因为堵车严重，我竟然晚到了半小时，于是在那里抱怨"首堵"的状况未见一丝的改变。胡同也

认为让我跑来跑去前去签名，在路上耽误的时间也确实太多，于是他就想到了王家葵的这部书，他拿出一部未拆封的此书，撕开一看，里面已经有了王家葵先生的题字。先题字，而后塑封，这样的做法颇为少见，看来有必要在这方面做一下深入地探讨，以便取得事半功倍的结果。

《弄闲斋诗稿》 徐明祥 著

几年前，经自牧先生介绍，得以认识徐明祥先生，当时徐先生对《藏书纪事诗》感兴趣，准备续写一部当代的此类作品，而其中也有对我之采访。而今得到了徐先生的这部赠书，他又展示了自己作为诗人的一面，可见他也是一位视角宽广的作家，不知他的下一个写作方向又会展延到哪里去。

2016 年

———

12 月

《鸣沙习学集》 徐俊 著

　　得到徐俊先生的这部赠书，颇感意外，这个意外缘于我的孤陋寡闻。从认识那天起，徐俊先生就担任中华书局的总经理，虽然他一身的儒雅，但我总把他看成领导，更何况中华书局是个大社。他每天的工作算不算日理万机，这我不好评价，但他每天要处理的事务之多，不用想象也一定是很繁琐，而他还能写出这样的专著来，这岂能用"佩服"二字涵盖得了。

　　该书的内容颇为专业，所谈均为敦煌吐鲁番文献。我对这个专题颇感兴趣，这缘于我对此也有小小的收藏，至少敦煌藏经洞所出的珍宝，有十几件现藏寒斋。尽管从内容而言，都属佛经，谈不上有多珍贵，但毕竟是千年前唐代的写本，至少能让我有着敝帚自珍般的小小骄傲。二十年前的敦煌遗书，平均每延米的价格在1万块钱左右，当时我就觉得这么古老的珍宝为什么如此之便宜，可惜我的前瞻性不高，否则能够收到更多的敦煌写经。

　　也正因如此，我对这类的著作颇为关注，而今得到了徐先生的这部大作，在拆包装袋的那一刻起，就有一种本能的亲切。当晚立即拜读该书，在看书过程中，除了学到了新知识，同时还看到了熟悉之物：这部大作中谈到了 2009 年上海嘉泰拍卖公司上拍的一组老照片，该组照片乃是罗振玉旧藏，当年罗氏将其裱贴为一个完整的册页，并且他在每张照片的旁边都作了长跋，因为照片的内容均为敦煌藏经洞的内景，以及当时从洞中搬出经卷后的情形，而罗振玉的边跋则是对这些照片的考证。

这组照片正因为有了罗振玉的跋语，而价格倍增。我印象为底价 40 万元，而一组老照片的底价能卖出这个价钱，在那时的拍场中还未曾有过，也正因如此，该组照片未能成交。然徐俊先生在书中提及他也是从图录上看到这则消息者，他觉得这些照片很有价值，于是经过一番考证，写出了这样一篇研究文章。

我拜读了徐先生的此文之后，有了两个遗憾：一是徐先生之文未曾在那时读到，如果当时我就知道这组照片有着如此的文献价值，那无论如何也要将其拿下；而第二个遗憾则是替徐先生所发者，因为他不知道我跟嘉泰公司的相关负责人是颇为熟悉的朋友，他当时若找到我，我可以给他要到完整的影像资料，这样他的研究可能更加圆满。

看来，圆满是如此的不易求。但转念细想，说不定徐先生已经通过其他关系拿到了全套的照片呢？我替他的遗憾简直是自作多情。

《纽顿藏书目录》 ［美］爱德华·纽顿 著

该书为黄曙辉先生所赠。前一度，黄先生在微信上谈及他正在编《纽顿藏书目录》，我对此大感兴趣，而后问黄先生哪里能买得该书。他

告诉我说，还没印出来，印出来后会赠我一部。一个月后就得到了该书，然翻开之时，方知此书乃是英文版，这让英文如此之烂的我，大感沮丧。于是立即去电黄先生，问其何不将该书翻译成中文。他说这方面的人才很难找，如果让一般人来翻译这样的专著，很可能会产生一些错误，所以影印出版是最好的一种选择方式。如此说来，只能怨自己没有习外语的天赋了。

我的这个失落缘于对该书的期望值过高，因为太喜欢这位纽顿了。当然，我对他的了解还是因为有人翻译了纽顿关于藏书方面的专著，我从那些译本中间接地了解到了他的藏书思想，而纽顿有不少的观念可谓先得我心。其实，他对藏书史的贡献绝不单纯是收藏了大量的珍本、善本，而我更为在意者，则是他为了普及藏书文化，而做出的方方面面的努力。

以我的偏见，藏书家都有窥私癖，我当然不能免俗，故而很想知道纽顿究竟藏了哪些珍本和善本，这也是我对该书有着特别期待的原因。黄先生闻我所言后说，爱书人都有一种本能，那就是在一个字都不看的情况下，依然能够嗅出珍本书所透显出的特殊气息。我把这句话理解为他对我的夸赞，因为这部目录里附有不少西洋珍本书的书影。翻阅这些书影，也能部分满足我对珍、善本的饕餮之情。

念及这一层，我瞬间觉得黄曙辉确实做了件好事情：他为了能够传播藏书观念，而特意去影印出版这种小众的著作，这样的付出已足够值得表扬。

《老子道德经二卷》

收到该书时，因为快递单的模糊，我不知是何人所赐，而里面的包装则是华宝斋专用的护纸，我本以为是蒋先生所赠，可我不记得她之前来电讲过此事，于是拆封视之。在该书的编委中，看到了王嘉陵先生的大名，才猛然想起前一段王先生打来电话，告诉我说有书相赠。当时他并没说书名，看来他所言的就是这部新近影印的线装书。

该书的影印采用了《中华再造善本》的方式：以原书页作底色，而后上下印出白边，一眼望上去，很像传统的金镶玉。这种影印方式可以突显出原书的本来面貌，同时还不会让天头、地脚在裁剪时受损，这对搞目录版本者最为实用。

近两年，古籍影印又掀起了一个小高潮，有越来越多的人喜爱传统的线装书。这当然是件好事情，可惜的是，而今的古书影印良莠不齐，当然这方面的问题是从内容和形式两方面而言者。就内容而言，在底本

选择方面，有时会让行家看上去莫名其妙，原本该书有着更好的底本，然影印本却选择了一个颇为常见者，这样的刃本不知其选择的目的何在。二者，就形式而言，可能是设计师要有所创新，

76

故在出版时会抛弃原书的面貌，而设计出一种所谓的"出新"。

我对这两者都不以为然，毕竟古书的传播首先要稀见难得，这才有影印的意义；二者，从装帧而言，要尽量地保持原有的式样，以便让使用者得到更多的历史信息，哪怕只是一般读者，他们得到原汁原味的复制品，也同样能够渐渐培养出对古书的形式之爱。而四川省图书馆影印的该书，却能秉持这两点，这也正说明了，正是有王嘉陵先生这样的专家把关，才能影印出这样高质量的善本。

《我们的中国》 *李零 著*

该书乃是责编曾诚先生所赠。李零的这部大作已经在各种媒体上有着广泛的宣传和报道，因此我早已听闻已然很火的李零又出了这么一部书，但当时我并不知道该书的责编就是曾诚。年前经过十几天的张罗，我终于寄出了三百份特意制作的贺卡。曾先生收到后，为此表示了谢意，同时说自己责编的一部书要赠给我。

我一向佩服曾诚先生做事的谨严，他的那份不苟言笑，与他的年龄颇不相仿，所以曾兄于我而言，可谓净友和畏友。如果按照曾国藩对朋友的四分法，曾诚应当

算是"有识而无趣"那一类，当然，这只是我对他的有限印象，说不定他在女朋友面前既有知识又风趣呢。是不是这种情况，我无处得到印证，但我对这样的朋友却有一种本能的信任，我所说的信任则是专指他所编出的著作。

而李零的这部大作能够由曾诚来作责编，这也足见曾兄扎实的文史功底受到了李零先生的首肯。这么火的作者都能相信曾兄，我作为他的朋友，从这个角度而言，也油然有了一种与有荣焉的骄傲感。

《吴郡顾氏宝树园印集》

该书为俞国林先生所赠。此印谱仅制作了三百部，想来有不低的成本，因此俞兄说要赠此书给我时，我真心真意地推辞了一番。这样的印谱当然是我欲得者，但出书这么多年，我知道出版这么一部书要投进多少的精力和财力，所以我跟俞兄讲：鱼我所欲也，但我会去买鱼来食之，而不要朋友的馈赠。俞兄说，不用客气，这种书刃出来本来就是为了让大家一乐，并且自己在制作该书之时，已经准备赠一部给我。闻其所言，我也只好"笑纳"。

苏州顾氏乃是藏书世家，到了现当代，当然是顾颉刚最为有名。几年前我到苏州寻访藏书楼时，曾去参观了宝树园，在那里有幸见到了顾颉刚先生的幼子，当然，这位幼子于我而言，已经是一位老前辈。老先

生热情地接待了我，并且给我讲
述了不少不为人知的藏书故事。

　　其实，我最感兴趣者乃是顾
颉刚藏书归宿的背后故事，但不
知出于什么原因，老先生没跟我
细聊这个话题。而今俞国林能跟
顾家后人商议妥当，制作出了这样一部印谱，这也足见其与顾家后人有
着良好的关系，这又勾起了我一贯的好奇心：通过俞兄再给顾家后人做
访谈，从而搞清楚相关传说中不为人注意的细节。

《园林｜艺术 商业：中国木刻版画》

　　该书乃是冯德保先生所赠。冯先生致力于中国版画的收藏已达几十
年之久，他的这份执着，令我十分地钦佩。前几年，我就得知他从日本
一个重要家族那里，买到了一批流传有序的明代插图本。其实，我特别
好奇他究竟花了多少钱买得的这批珍宝，但冯先生是位纯正的老外，虽
然他也算是半个中国通，可其却依然有着欧洲人那种特有的严谨。

　　他说，自己追踪这批古版画已达几十年之久，而今终于如愿以偿，
但在成交之时，对方已经有了约定，那就是在价格方面需要保密，故而
他不能把实际的成交价告诉我。既然如此，那也只能任由我一遍遍地猜
测了。

　　2015 年，复旦大学古籍保护研究院要举办一场国际目录版本学研讨

会，杨光辉先生命我请一些国内外有名的藏书家前来与会，我的邀请名单中，当然不能缺少冯德保。但近些年他一直在经营巴西的庄园及酒庄，如此的相隔万里，其实我没有把握他是否能够前来与会，然而冯先生却爽快地答应了这件事。我同时告诉他，按照杨院长的要求，与会者必须要提交论文。冯德保称，没有问题。

在开会之时，冯先生的所讲正是他所擅长的中国古版画，而尤其让我大感兴趣者，乃是他的所讲为意大利传教士马国贤。我对马国贤的兴趣，当然是缘于他在康熙五十三年为皇帝制作的铜版画——《避暑山庄三十六景图》。马国贤为了制作这套铜版画，克服了重重困难，因为他既无工具，也无原料，这一切都靠他想尽办法用土法上马，终于制作出了令皇帝满意的版画。

也正因如此，该铜版之书在当年仅制作了几部出来，而今国内的所有公共图书馆都未收藏这部铜版画。当时有的大臣排挤马国贤，认为铜版画不如中国的木版画好，于是玄烨下令，让马国贤跟中国的木雕版工匠进行一场 PK，二人同时制作同一题材的这部书，制作完毕后，一并呈送康熙帝。皇帝看后，认为马国贤的作品胜出。等走出大殿时，马国贤看到那位木版工匠正在被他的主人扇耳光，这让马顿生不忍之心。

然而这位中国工匠制作的木刻版画，可能是因为可以多次刷印的原因，如今，国内的公共图书馆有几家馆有藏，而马国贤的铜版画却一部也找不到。冯德保能够以此为论文进行讲述，让我听来是何等的兴奋，更为难得者，他能从这些铜版画的图案中，讲述出中西方观念的差异。而今他又赠送给我这部专著，里面也正收录了这部《御制避暑山庄三十六景图》的木版画和铜版画，将两者进行比较而得出的结论，这当然令人信服到无话可说。

《苏州古籍书店志》 苏州市新华书店编志组　编

　　该资料乃是卜若愚先生所赠。上个月我在苏州寻访时，得到了卜先生的大力协助，他为此抽出一天的时间，同时带上了两位了解情况的朋友，跟着我在苏州的郊县地区跑了一整天。爱书人在一起所聊的话题，不外乎就是书书书，而卜兄已经担任了苏州古旧书店经理多年，他虽然谦称自己入店较晚，但他的那份认真劲儿，使得他对书界的掌故能够了解许多，他的讲述当然让我听来很是过瘾。

　　买书这么多年，我跟国内著名的古旧书店几乎都打过交道，苏州店当然也不会例外，但遗憾的是，我从该店却未曾直接买到过难得的善本。我所说的直接，乃是从该店直接购买所得者，当然，间接还是得到了不少。

　　二十余年前，苏州古旧书店会拿出一些善本给拍卖公司上拍，而那时又以嘉德公司所得为最多。可惜的是，后来该店改变了政策，将店中的善本专放一室，不再供应拍场，这使得我再没机会得到该店的珍藏。也正因如此，我特别想了解店里还藏着哪些珍本和善本。卜兄谦称，确实也没有太多的好书了。他的这种说法，已然是各家古籍书店经理统一的外交辞令，所以我对他的所言当然不能满意。

于是，我又进一步向他请教：既然店里卖出了许多好书，那么有否相应的记录在？卜兄立即告诉我，多年前，店内曾内部发行了《店志》，这个《店志》是油印本，但里面却收录了店里曾有过的珍藏。他说，手中有一份这样的影印本，但可惜仅有一部，所以无法赠送给我，但可以帮我影印一部。这于我当然也同样是求之不得，毕竟我需要的是资料。

回京后，很快就收到了卜若愚所赠的影印本。翻看该本，依然能够体味到当年该店确实藏有不少的好书，尤其里面的批校本最让我感兴趣。以此来核对自己的所藏，我的所藏中，仅有几部著录于该目录之中，这个结果真让自己觉得沮丧：这上面著录的好书都去哪里了呢？

《撂地儿》 方继孝 著

两年前，我到方继孝先生的府上去拍他的书房。在聊天的过程中，我知道他有一部书稿放在了三联书店出版社，他说自己得到了一批重要的天桥老艺人史料，经过一番考证，他写成了该书。当时方兄将该书定名为《天桥

忆往》，这个书名听来倒是中规
中矩，但我觉得这个名称不容
易吸引读者的眼球。虽然我在
起书名方面远比方兄随意得多，
可我还是觉得这个书名太过正
统，方兄称他也是这种感觉。

　　而后他又告诉了我几个备
选书名，我听了后，觉得"撂地儿"最具北京味儿，也最接地气，建议
他以此为定名，方兄果真从善如流。而今得到的该书，封面上印的正是
该名，可能是编辑认为读者看到该名后不能了解此书所谈的主旨，于是
又给该书加了个副题——"40位天桥老艺人的沉浮命运"。

　　我一同得到者，还有广东崇正拍卖公司寄来的图录，方继孝在所附
大札中说，该拍卖公司嘱咐他，让其转交一册给我，而恰好他又收到了
《撂地儿》样书，于是就一并给我寄来，同时他在信中也谈到了书名的来
由。两年前的一句随口聊天，他却依然记得如此清晰，可见其记忆力之
佳，同时也可窥得方兄的为人：朋友的任何帮助，哪怕这个帮助是如何
的微不足道，多年之后，他仍然感念于心。

《拾叶集》　薛冰　著

　　这是一册毛边本，但其制作方式仍然是下毛，不知国内的毛边本制
作为何一直不能将其调转头来。近二十余年，毛边本渐火，我也曾制作

过几款，其结果也是该书的这个弊端，想来真是件无奈的事儿。近两年又有了新的口号，那就是"工匠精神"，真希望这个口号能够如同方继孝先生新作的书名——"撂地儿"。

当然，我只是用这个词的谐音，盼望工匠精神能够真正落实到社会的方方面面，而尤其能够落实到与我休戚相关的出版业。毕竟西方制作的毛边本太过精整，那种毛边本所蕴含的精心制作，让不喜欢此类书的人都能为之赞叹，这才叫真正的工匠精神。

我突然意识到自己是如此的没良心，薛冰先生好意赠我数量稀少的毛边本，我却发了这么一通胡乱的感慨。其实薛先生在微信中已经告诉我，他赠此书给我是因为收到了我所制作的别致的贺卡，他说自己制作不出这样的贺卡，而恰好又收到了这部新作的毛边本，于是以此书作为贺年礼物赠送给我。

薛老师的这个做法给予了我一种提醒：明年的贺卡是否也用自己的大作来制作特殊的限量本，以此来作为贺卡赠送给师友们，这倒是一种绝妙的结合。不知各位师友以为然否？但即使朋友们赞同这样的建议，可是我到哪里找到能够制作出标准式样的毛边本生产厂家呢？这真可谓说嘴打嘴：我刚批评了这种毛边本的不正宗，这种批评就等于给自己挖了个坑，肯定众多朋友们都在等待着我这位站着说话不腰疼的人，拿出一份惊喜来给大家看。

《当下四重奏》 刘大任 著

去年在深圳时，胡洪侠先生告诉我，他将兼任深圳报业集团出版社社长一职。闻听此言，我大感高兴，因为大侠也是位骨灰级的爱书人。因为爱，所以挑剔，我送给他自己的"大作"，他大多能指出来装帧设计的毛病，我常听他说：若是他搞出版，肯定能生产出令所有人都满意的作品。而今他真成了社长，这当然

让天下的爱书人都为之高兴：一位懂书者来做书，将会给大家提供多少新的爱物呀！

聊起出版计划，大侠的所言令我意外，他果真是能把工作和爱好截然分开的人，其所谈到的出版计划，大多是冲着书的价值而言者，完全没有玩书的意味。他的这种心态让我略感失望，这真可谓屁股决定思想：位置不同，观念也为之改变。看来，要真正出版爱书人的所爱，还真应了国际歌中的那句歌词："要创造人类的幸福，全靠我们自己。"神仙、皇帝靠不住，号称爱书人的大侠也靠不住。

前几天，大侠来到了北京，邀请了一帮爱书人来做新书访谈，而后我们见面时，我就得到了他的这部赠书。当我拿到这部书的一瞬间，脑海中闪现出了魔术师刘谦的形象，以及他的那句招牌式台词——"见证

奇迹的时刻到了。"其实，我已经把这句台词篡改为：挑毛病、找茬儿的时刻到了。

实话实说，我对该书的作者刘大任未曾听闻过。胡兲生首先批评了我的孤陋寡闻，他让我细看腰封上印的那行字——"二一世纪海外华语文学不可不读的作家"，我估计这句话乃大侠所写，他在这里用了一个否定之否定，但即便如此，我也未读过此人的作品。于是，胡先生向我讲述该书作者是如何的有名气，他的书是如何的有价值，而该书的出版又是何等的及时雨。好吧，我承认自己的无知，那我就从装帧上挑点儿毛病，以此来回击他曾挑我"大作"毛病的一箭之仇。

说实话，这部书的设计可谓中规中矩，没有什么特别之处，但也没有什么毛病可挑，因为书中的内容我还未读。以大侠的眼光，他能做到文质相符，这一点我不怀疑，说不定该书的内容只有设计成这样的冷色调，才最为贴切。果真，大侠猜透了我的心思，他笑着说："欢迎找茬儿，但等你读完书后再发表自己的高见。"

《庐山藏书史》 滑红彬 著

前一段，我的公众号发出了在九江一地的寻访之文，其中一位读者留言，向我讲到了庐山一地的藏书故事，我直言对此知之甚少。而后这位作者说，他将给我寄一份资料来，以此让我作为参考。此后的几天，我就得到了这部专著。看来，这位读者正是该书的作者滑红彬。但我不能确定是滑先生还是滑女史，因为公众号上的留言只能保留48小时，故我无法给滑红彬回留言表示谢意，同样也无法向他确认性别。

我对古代藏书楼的寻访是一个持续的过程，所以对于古代藏书楼相关的研究文章，尤其是实地考察类的文章最感兴趣，因为这让我从中不但得到了知识，更为重要者，还寻得了新的线索，而这本书正是如此。更为难得者，滑红彬还附来了一张半开大小的庐山全图，他在图中用朱笔一一标示出该专著中所谈到的书楼具体位置，这份认真让我大为感动。

得到了这张联络图，再持上他的这本专著，至少庐山一带的藏书楼寻访，就变得方便了太多。

翻看该书，我无意间在第 432 页看到了滑红彬用朱笔书写的一段补白，其所录乃是南昌藏书家胡思敬所说的一段话，这段话补充了刘廷琛在庐山所建藏书楼的具体位置。即此可知，滑红彬做事之谨严。而从其字迹娟秀的程度来看，我猜测该书的作者应当是一位女史。

《书缘琐记》　吴兴文　著

兴文先生的这部大作我早已拜读过，而今得到者却是另外一个版本。吴先生在题记中说这是繁体字本，更为难得者，上面贴上了私人编号的藏书票。他说将此书赠送给我，是因为收到了我的贺卡。看来，贺卡能够换得这么多的难得之本，这也算是我的意外所得。

我对藏书票的正解，大多拜吴兴文先生所赐，虽然就社会而言，喜爱藏书票者，基本属于小众，但爱书人却大多对此有着别样的痴迷，但究竟怎样才是正统的藏书票？这份讲究却少有人探讨。十余年前，因为与吴兄在京的公寓相距较近，所以跟他有较多的见面机会，他为了让我认识到何为真正有价值的藏书票，就向我出示了多款欧洲经典之作，那份精美刻在了我的脑海中，但这个结果也给我增添了烦恼：这才是真正的曾经沧海难为水，这让我很难再看得上那种粗制滥造的藏书票。

我曾手持从吴兴文那里借来的欧洲原版藏书票前往中央美院版画系，请他们按照这种式样予以复制，几位老师和学生看过后，除了赞叹，他们都说无法做得出。为什么一百多年前的欧洲作品至今都不能复制出来，众人称，如果能够刻到这么精细的铜版，就已经可以刻制钞版来伪造钞票了。

当然，吴先生的兴趣也不会仅于藏书票，他对于近现代版本的了解

也同样令我佩服，每当我赞叹某本书制作之佳时，他都表现出不屑的神态，而后说哪部哪部书比这个要好许多，他的这个批判弄得我不敢再夸赞哪部书制作得好看。而今他的这部作品确实制作

得颇为典雅，跟这一类朋友接触得越多，我对印书的质量也越发变得挑剔，不知这样的结果是否如同我在藏书票上所得到的遭遇：眼光越来越高，却无人能制作出与之相匹配的作品。

《国际汉学研究通讯》（第十二期）

　　前一段胡同先生来电话，说白谦慎先生前来北京讲学，希望到我的书房来看几部他所关心的书，而那时我正在上海搞讲座，于是与白先生约定了另外的时间。回京后，我一直惦记着此事，而后某天一同前往我的书库。虽然在此之前我早已听闻过白先生的大名，而此次却是第一次见面，虽然如此，相互之间却没有过多的寒暄，白先生说他此次前来就是想看几部与他研究范畴有关的善本。

　　大概在半年之前，白先生已经通过胡同，赠送给我他的大作——《傅山的世界》，故而我知道白先生对跟傅山有关的作品最感兴趣，他给我开列的书单中，首先就是我所藏的傅山、傅眉父子所批校的《汉书评林》。我跟胡同把这一大套书搬出来后，白先生仔细翻看，他赞赏这部书所批者，乃是傅山的精品，而他在约二十年前就关注到了这部书，没想到藏在了我这里。

　　而后白先生又看了翁同龢、吴大澂、王懿荣等人的作品，而这些都是他近年的研究专题，尤其吴大澂的一副对联，最让白先生感兴趣，他说前两年就写过一篇关于这副对联的研究文章，而今他第一次看到了原迹。白先生边看边向我讲解着这些人相互之间的关系，其研究之深令我钦服。

看完之后，白先生赠我此书，因为里面收有他的研究文章。白先生的文章既有学者的谨严，同时又具有一定的文学性，读上去让人觉得舒服，这也正是我佩服他的地方。虽然是我向他展示自己的藏品，然而他却能讲出我所不了解的幕后情形，经过他的讲述，我对自己的藏品又多了一份认识。

《阳谋》 励双杰 著

几天前见到了一位外地朋友，他是藏书圈外人士，然对这个圈子也有着一定的兴趣，谈完了正事儿，他不经意地问了我一句："你们书圈内有位作家，你认识不认识？"这句话问得有点儿无厘头。以我的感觉，书圈内的朋友大多都能写上几笔，如果以出书为标志，这个数量也不算少，那么他指的是哪位呢？

朋友的答案让我有点儿意外，他说此人叫励双杰，他有一本小说的名字叫《阳谋》。闻其所言，反而让我好奇起来，为什么单单励双杰是书圈内的作家呢？朋友郑重地告诉我，很多人都在写目录版本学或书话类的文章，这类的著述无论出过多少本书都不能算作家，因为只有写虚构类的作品，也就是小说才能称为作家。他的这个界定，我却未曾想到过，那好吧，估且也算有此一说。

好在这书圈内的唯一作家我还熟悉，朋友闻听此言马上说："那你赶快帮我向他索要一本签名本。"以我在励兄那儿的面子，我觉得这事儿不难，于是当着朋友的面给励兄打了个电话，果真得到了痛快的应允，而励兄将此册书寄来时，同时附赠了一册给我，其实前些年他已经赠给过我，当时我就很佩服他能有闲心来创作一部小说。

其实，我在三十年前也写过小说，只是当时投稿无门，没能发表，但也让我体会到了写小说的不容易，而励兄有这样一部小说在，难怪朋友视他为书圈内的唯一作家。

《黄丕烈藏书楼》

十几年前，江澄波老先生曾带我前去参观黄丕烈的旧居，那时他的旧居处在苏州丝绸厂院内，出于各种原因，这个厂特别反感外人进内参观。但黄丕烈名气实在是大，而江老先生也很清楚这座书楼对我的重要

91

性，于是他透过领导关系，终于让我走入了院内，而那时的黄丕烈藏书楼依然屹立在原址。

约十年之后，我来到苏州，仍然想去参观黄丕烈的书楼，可是来到此处时，这里已经被围了起来，变成了工地，这种境况让我颇感慨，担心这座著名的书楼从此消失在了这个世界上。

今年年初，我在微博上结识了百合女史。在聊天期间，她无意间告诉我，黄丕烈藏书楼已经整修完毕，而今成为了一家精品酒店，该酒店名为"平江华府"。而后她给我发来了一组照片，由此瞬间勾起了我重访此地的欲望。

今年年底，借上海讲座之机，前往苏州寻访，百合特意帮我预订了这家酒店。能够住在大藏书家黄丕烈的旧居之上，这简直是个梦想，而难得者，这家酒店不但原汁原味地恢复了藏书楼，同时在酒店之内，处处能体现出跟藏书楼有关联的图片与物品。在我入住的房间内看到了多本跟藏书有关的著作，而我自己的《古书之爱》也赫然摆在床头，这种摆放方式让我瞬间有了一种骄傲之感：拙作竟然摆到了黄丕烈面前，他翻看后不知会不会笑掉大牙，至少这种做法也足可媲美关公面前耍大刀的人。

而尤让我惊喜者，写字台上还摆着一本名为《黄丕烈藏书楼》的笔记本。翻看该笔记本的内页，又看到了熟悉的书楼影像，以至于我第二天一早就十分冲动地前去拍照。等我离开这家酒店时，终于忍不住还是把它塞入了包中。出门时正好遇到了打扫房间的人，我弱弱地问了她一句："桌上的那个笔记本是送给客人的吗？"她说当然，这一瞬间让我突然间体味到了"通泰"二字作何解。

《寒山寺掌故》幻灯片

离开苏州时，百合女史赠给我两件礼物，一是寒山寺的拓片，二者就是这套幻灯片。我问她何以赠我此物，百合称因为我的寻访之处还有寒山寺，但因为我急着赶往上海办讲座，而寒山寺未来得及探访，她觉得于我而言，这是个遗憾，于是就赠送此两物，以此让我得到宽慰。

我对幻灯片当然不陌生，在幼年之时，能看到幻灯片的放映，也是颇令人兴奋的一件事，这种感觉有如鲁迅在《孔乙己》中写到的几句话："主顾也没有好声气，教人活泼不得；只有孔乙己到店，才可以笑几声，所以至今还记得。"童年时代的欢愉太珍罕了，以至于偶尔放一回幻灯片也能令自己兴奋很久，而那时对幻灯机这个物件，感觉特别神奇，尤其那小小的幻灯片能够放映出很大的图案，这让我对此充满了好奇，而能拥有这

么一种幻灯机，简直是一种奢望。

四十年过去了，无意间得到了这么一套赠品，望着此物，犹如幼年时得到一个棒棒糖一样的兴奋，虽然我找不到机器将其放映出来，然这种得到却让自己有了一种意外的满足。

《蒋风白印谱》

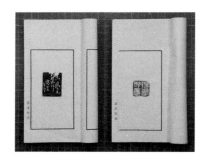

此趟的苏州之行，正赶上马骥先生忙于公务，为了让我的寻访得以顺利进行，他在幕后遥控指挥，几天之后，分别有不同的朋友带我到苏州地区到处寻访。某天晚上，他终于应酬完公事，特意安排一帮朋友聚会。前来参加聚会者当然都是爱书人，这些人在一起所谈的话题，当然离不开"书"字。

酒喝到了兴奋点上，马兄伸手从包内掏出了两册印谱，说要将此谱送给我，以此来表达歉意。我问其何歉之有，他说因为工作的原因，未能陪同。我当然相信他说的不是客套话，因为我知道他也对访古有着特别的兴趣，但即便如此，我特别能体谅人在官场，身不由己，当然不能接受他的这个赠品。

其实我在推让之间，已经偷偷地看到了这两册并非影印本，而是难得的原钤印谱。而尤其难得者，书口印着"西泠印社"字样，该社所出之谱广受业界所瞩目。有一年我在西泠印社遇到一批日本来的游客，这些游客全部是老年妇女，数量有四五十位之多，她们走进西泠印社的门市部时，将那小小的门面几乎堵满。这些妇女们每人都在买这里的印谱，几千元一部，每人买到后都是一脸的兴奋，我听不懂日语，但能感觉到她们在高兴地观摩和交谈着。

所以说，即使是西泠印社新钤之谱，也同样不便宜，而马兄拿来的这一部，我却不知是何人的藏印，他向我解释说该谱乃是著名画家蒋风白的专谱。此人在二十世纪三十年代考入国立杭州艺专，也就是中国美术学院的前身，他曾得到大画家潘天寿的亲授，在二十世纪四十年代，他就在重庆举办过个人画展，因此，此人的印章大多是名家所刻，其中有王个簃、诸乐三、钱瘦铁、来楚生、沙曼翁等人，这也正是该谱难得之处。

闻听马兄的这番解释，摆在我眼前的这两册印谱，顿时高大了起来。可是已经推辞过了，怎么还能收回自己的虚情假意呢？我一时找不到台阶下，好在马兄善解人意，他已经看出我在那里装得难受，一顺手就把这两册印谱塞进了我的书包中。既然这样，我也只能说一句"恭敬不如从命了"，哈哈。

《苏州博物馆藏古籍善本》 苏州博物馆 编著
《题跋古今》 顾公硕 著

此次的苏州之行，经马骥先生的介绍，又结识了多位书友，其中之一就是苏州博物馆的李军先生。

　　某天晚上，马骥先生请客，我特意提出，希望在黄丕烈的藏书楼内吃饭，这对我而言，有着特别的意义。我不知道当年黄丕烈在这个书楼内是否宴请过其他藏书家，但至少到了今天，我不请自来，并且特意跟酒店提出，要在书楼内吃上一顿。

　　酒店的沈春蕾总经理爽快地答应了我的要求，而马兄闻听后也很兴奋，他说将多请几位朋友在此欢聚。因为我住在酒店里，所以当晚我早早地就来到了书楼内，而此时我在书楼里已经看到了苏州古籍书店的卜若愚先生，我们在一起当然有聊不完的话题。在聊天期间，进来了一位年轻人，因为马骥先生还没到，故我不知这位年轻人是谁，于是只向他礼貌地打了个招呼，而后接着跟卜经理聊天。过了一会儿，这位年轻人称他叫李军，现在苏州博物馆工作，而后递给了我一个纸兜，他说里面有其馆的善本目录，另外还有自己的作品。

　　在聊天过程中，我取出翻看，这随意地一翻，就让我对这位年轻人瞬间刮目：他送给我的是一些他个人作品的抽印本，而这些抽印本均是一些著名的学术期刊所制作者，能在这些重要学术期刊上发表这么多作品，仅凭这一点，也足令我感到吃惊。我突然意识到刚才的失礼：因为跟卜先生的交谈，而未能跟李军认真地打招呼。

这位李军看上去三十岁上下，如此年轻，却有着如此的研究成果，而在聊天之时，他竟然对书圈内的事情了如指掌，拍场上一些重要拍品的归属，他都能讲得一清二楚，可见，他既是一位谨严的学者，同时又对世态人情洞若观火，这样的年轻人岂止是后生可畏。

李军告诉我，此后不久，他所任职的苏州博物馆将举办过云楼精品展，他劝我有空时可前往一看。可惜的是，我因为来去匆匆，未能看到这个重要的展览。

《**苏州名人故居**》　王仁宇　编著

《**李根源与王小山**》　沈红娣　著

《**苏州文化世家与清代文学**》　凌郁之　著

《**苏州名人故踪**》　潘文龙　著

这四部书均为"苏派书房"创始人钟天先生所赠。住在平江华府的当晚，我就注意到该酒店的一楼悬挂着苏派书房的匾额，我隔着玻璃向内张望，里面布置得颇为典雅，而酒店对面，仍然有一家苏派书房。我由此得知，这家书店在当地有着不小的名气，而酒店房间内摆放的一些书，也大多印着"苏派书房"的名称。在一份简介上写明，苏派书房的创始人乃是钟天先生，于是我记住了这个名字。

第二天一早，酒店的沈先生和朱先生带我去参观藏书楼，之后又请我到苏派书房内喝茶，我夸赞这个书房在布置上是何等的用心，沈先生

马上请来了钟天先生。跟钟先生聊天时，我方得知他跟王稼句兄是很好的朋友。因为有了共同的相识者，相互之间的聊天变得颇为愉快。当天晚上，我等众人在黄丕烈藏书楼内聚餐之后，一同聚会的十几位朋友全部涌入了苏派书房。

大家赞赏着这个书房在设计上的人性化，同时夸赞此店选书之高雅，而拙作有两部也陈列在这里。有几位朋友在此买书后命我签字，当晚因为酒喝得高兴，我却忘记了礼节：本应当在此买几本自己的书送给众位朋友，但我却让朋友们花钱。回来后想到这件事都会让自己觉得懊恼。

离开苏州的早上，钟天先生前来道别，他赠送给我这四本书，因为我在此访古，他认为这些书我肯定能用到，他这样的用心让我不知说什么好。以我多年的习惯，一般不接受开书店朋友的赠书，这倒并不是计较这些小节，重要的原因是，我觉得开实体书店于今而言是极其的不容易，更何况书籍乃是书店的商品，若遇到熟人一一奉送，则书店更加难以开得下去。而钟天先生却说，这四本书是他个人的藏品，跟书店经营没关系。闻其所言，我觉得却之不恭，于是将此收下。

其实等返回之后，再翻看此书时，心中多少还有一些不安。虽然朋友赠送这么几本书，也并不会对书店的经营有多大的负累，但毕竟经营实体书店的利润太低了，而根本原因在于爱书人的比例在整个社会中占得太低。真盼望着何时能够达到以色列人对书籍的痴迷程度，到那时我再接受书店老板的赠书之时，也就不会有这样的纠结了。

《续修四库全书提要》

孔夫子旧书网的韩悦思女史给我来电话，称其公司进了两批我的书，希望我能签名。她原本为了让我方便，准备让司机把书送来，但我觉得这些书搬来搬去颇费气力，于是告诉她，我直接到他们公司去签名。

在签名期间，偶然遇到了和宏明老师，和老师约我到他办公室一坐。就爱书的痴迷程度而言，我觉得和老师绝对在我之上。我对书籍虽然也很痴迷，但我却挑挑捡捡，而和老师却能做到牛溲马勃细大不捐，只要是书，他总能找出爱它的理由。和老师在某大学任教，所以他是位真老师，也正因如此，一旦他开口，就会滔滔不绝，好在他跟我的聊天

内容都是与书有关者，所以，无论他说多少，我都不会感到厌烦，更确切地说，他所聊到的内容让我听来津津有味。

虽然和老师号称书圈内的活动他很少参加，也

许是因为有网络的原因，使得秀才不出门，便知天下事，我觉得书圈内所发生的各种事情，大多都难以逃出他的视野。近两年，我闷头写书，其实对书圈内的事知之甚少，听他的所聊，给我增加了不少的新资讯。

聊到兴奋时，和老师从书架上拿出了一摞书，他说这个要送给我，我问他何以有此之赠，他笑着说近两年正在请几位学生编藏书目录，编完之后还希望我能审核把关，而该书正是《续修四库全书提要》，所以他料我喜欢，因此拿出来赠送给我。

和老师说话始终有着坚定不移的口吻，既然他有这样的决定，那我也只好笑纳。回来后翻看，无意间看到其中一页钤有陈伯达的藏书印，原来这也是名家旧藏之物，不知他赠给我此书时是否注意到了这一点，今日将此揭示出来，想想他后悔的样子，倒也有着一种恶作剧的快感。

其实，我对该书的喜爱倒并不是因为这方藏书印。二十余年前，中国书店曾上拍了一批《续修四库全书提要稿》，我知道该稿的价值，但因为在拍卖之前听到了一个传闻，有人告诉我这些手稿是从潘家园流出来者，当时的价格很便宜，而今上拍的底价则在潘家园成交价的基础之上添了两个"0"。这种做法倒了我的胃口，于是未曾举牌。

之后的几年，让我一直后悔当时的轻率：买书看的是价值，哪里用得着管别人是多少钱买来者，毕竟当年东方文化事业委员会组织了当时一大批顶尖的文化专家来编纂该书，这些手稿当然很有价值，而这样的难得之物竟然被我的一念之差放弃，想一想，这是何等的痛何如哉！

而和老师赠送给我者，则是一种誊印本，而该本是在什么情况下印制出来者，我还未曾深究，但既然经过了陈伯达的收藏，其应该有着不凡的来历。

《楹联三十年》《甘肃对联集成》
《"一带一路"楹联文化论文集》 陈田贵　主编

前一度我在安排甘肃
一地的寻访，经过一番查
证，得知重要的肃藩府被
当地重要的机关占用，要
想进内拍照，当然要找到

当地的熟人，可是在甘肃一地，我还真没有特别熟识的书友。想起我的微
信公众号中有一位王家安先生的留言，他曾告诉我自己在甘肃某媒体内任
职，于是与之联系。

王先生命我将甘肃一地的寻访名单先发给他，他看后一一告诉我落
实后的结果。有这样的朋友在，给我的寻访提供了太多的方便，于是在
近期呈上我所制作的贺卡，以此来表示谢意，而王先生却真正做到了投
以木桃，报之琼瑶，给我寄来了一大包书。

翻看其所赠，这些书都是跟当地传统文化有关者，而尤以对联方面
的著作为多。给王先生回信表谢意的同时，又问何以编这么多楹联类的
书，而后他说自己是甘肃楹联协会的负责人之一，并且这个楹联协会在
国内很有影响。我虽然对对联也有偏好，但却不知还有这样的组织。跟
书友的交往不但能给自己提供方方面面的便利，同时还能了解更多的资
讯，这也算是一种意外所得吧。

《记忆的碎片》 王振良 著

《待起楼诗稿》 刘云若 著

这两部书均为王振良先生所赠，而这第二部乃是他的作品。王先生也是位执着之人，这些年来他坚持研究和编写跟天津有关的历史与文化之书，出版了一系列在国内颇有影响力的作品。

王先生的特别也可以看成是一种执拗，比如从书的封面而言，他十年如一日地始终是一个模板，这样的书看上去可能会整齐划一，但也缺少了一种摇曳生姿。看来，为了质，他只能牺牲美。虽然审美疲劳也是一种疲劳，但毕竟这种疲劳也算是一种追求，下次见到王兄时，真想建议他能让我获得一种审美上的疲劳。

2017年

1月

易福平所书金文

受中华书局之邀前往深圳办讲座，为了我的寻访之旅，我提前一天来到了深圳。在文白兄的安排下，我得以到东莞一带找到了几座书楼，而同行者则有易福平先生。三位爱书人在一起所聊的话题当然离不开"书"字，而当天晚上返回深圳之时，易兄则有此书法作品之赠。

易福平的多才多艺一向令我佩服，他不仅仅生意做得好，生活也同样安排得井井有条，并且他在艺术方面的造诣，给我以很多的启迪。他因为喜欢篆刻，所以又有了藏印谱之好，可惜至今我还未目睹他的珍藏。然他的书法作品我却时时得见，而这幅金文法书则是他首次赠我者。看到友人有如此的成就，也令我这眼高手低不会写书法的人也为之喜悦。

《清诗话考》 蒋寅 著

三年多以前，中华书局的徐俊总经理组织了一场"嘤鸣雅集"，参加此雅集者约20位上下，其中一半是我所认识者，有扬之水老师、陆灏先生、赵珩先生等，蒋寅先生虽是第一次见面，可是蒋先生的大名我早

已听闻过，更何况他的多部大著我早已拜读，在这里能够见面，当然令我有些兴奋，于是不顾场合地向他请教一些跟诗词有关的问题。

那时我正在写跟王渔洋有关的一篇小文，而蒋寅先生恰好有一部这方面的专著。蒋先生对我的问话回答得简洁和认真，这让我不好意思再搅大家的雅兴。自此之后，再没有了见面的机会，而我每年有时是发短信，有时是寄贺卡，以此来表示问候。

2016年的贺卡寄出不久就接到了蒋先生的短信，他索要我的地址，称有书要寄来，而后我就得到了他的两部赠书，这部《清诗话考》为其一。2016年我所完成的几部书稿，其中之一就是《觅诗记》，内容乃是我对古代诗人遗迹的寻访。对于这些诗人的生平事迹，有不少的地方我参考过蒋寅先生的著作，而今又得到他的这部大作，让我喜出望外。

《金陵生小言》 蒋寅 著

此为蒋先生所赠第二部大作，从书封的折页上可以看到对该书的介绍——"此编系历年读书所积，聊仿《池北偶谈》之体，论文、论诗、论史……"，而《池北偶谈》也是王渔洋的名著，可见蒋先生不仅研究王士禛，同时还仿其书体进行创作。以往我所读到的蒋寅先生著作，基本都是与古代诗学有关者，而本书则有类钱钟书的《管锥编》：书中的每一个小段落是一个话题，

而每一个话题都有自己的发见。读这样的书能给读者以别样的启迪。

《蠹简遗韵》　袁芳荣　著

该书的副题为"古书犀烛记三编"。袁先生的书话系列已经写到了第三编，这份执着令我佩服。几年前，吴兴文先生给我来电话，称他有位台北的书友袁先生写出了一部书话类的专著，想请我写篇序言。吴先生说，该书内的所谈都是关于古籍者。这句话让我大感兴趣：藏书这么多年，跟台湾的爱书人也有着不少的交往，可是最为遗憾者，我所认识的这些书友，基本上都是收藏现当代版本者，这类爱书之人大多偏好民国旧平装，或者说是新文学版本，而袁先生却有着这样的偏好，这当然让我有些兴奋，于是爽快地答应了这件事。

拜读了袁芳荣的书稿之后，让我了解到了他的藏书方向：袁先生虽然爱好古籍收藏，但他却

能特立独行，不按套路出牌，有着
自己独特的价值观。虽然他的藏书
观点与我有着差异，而这种差异恰
好在某些方面给我以思路上的启迪。
后来我又承吴兴文先生之美意，邀
我到台北国际书展办讲座，在那里

我第一次跟袁先生见面，但因为来去匆匆，所以没有时间向他请教一些
藏书的细节，后来在北京时，我们又一次见面，袁先生为人之坦诚给我
留下了深刻的印象，在此我也祝愿他的这个书话系列能够一直写下去，
以便让大陆的爱书人借此来了解台湾的古书收藏情况。

《书在别处》 刘忆斯　著

　　几年前，胡洪侠先生来京公干，他提出要去我的书房一看，而同
行者则有深圳报业集团的刘忆斯先生。刘先生看上去很年轻，我估计
他大约三十多岁。他的言谈举止有着年轻人的朝气，而我感觉到他对
我那几屋子的古书没有表示出多大的兴趣，看来他也是受大侠的影响，
对新文学版本更有兴趣。也可能是这个原因，所以此后与刘先生没有
太多的交往。

　　前一度我到深圳办讲座时，正赶上当地的读书月，刘先生忙于此
事，他给我发短信称来不及见面，过了不久我就收到了他的这册赠书。
翻看该书，让我对刘忆斯有了更深的了解，我从该书中所写到的人物了

解到了他视野所在，这本书可以视之为刘忆斯的一本采访录，而他采访过的人物包括董桥、李欧梵、李敖、小思等等。由此可知，他所关注者更多的是有着成就的作家，而非爱书的"瘾君子"。

该书前有俞晓群和胡洪侠两位出版家给他写的序言，这些序言让我对刘忆斯有了进一步的了解，尤其俞先生序言中的一句让我印象深刻："首先我想到，忆斯是一个孝子。"这样的夸赞之语于今而言可谓稀若星凤，而孝道乃是中国千年以来的社会稳定剂，这也是儒家最为看重的品质之一，这样的一位时尚青年，竟然有着如此的传统观念，仅仅这一点就令我对刘先生为之刮目。

《谢稚柳先生书简》

该书乃是岭南文史大家王贵忱先生所赠。从该书的牌记中得知，此书仅印了 60 部，而赠我者乃为第 19 部，如此小印量之书却能得其一，

当然是很高兴的一件事。王贵老的收藏可谓品种丰富，而这些书简应当算是他藏品中的副品，因为这些书简并非他刻意搜集而来，而是那么多的文化名人在几十年的过程中给他所写之信，我曾在王府上看到了大量的手札原件，那些写信之人的名头之大，称得上是如雷贯耳，而这些信的内容也并非简单的问候和应酬，很多内容都是在谈艺论道。

而今人与人沟通的方式变得越发简洁便利，电话之后有了短信，短信之后又有了微博、微信，我不知道这样发展下去，人与人之间的沟通是否将不用再借助任何的工具，想一想就能感知对方的心路历程。一念即此，觉得这真是个可怕的景象：人类没有隐私，世界将会怎样？

但书信的妙处就是可以在写作之时斟词酌句，这样的沟通不仅逻辑完整，更多者是给收信人增添了许多的想象空间。朦胧产生美，更何况，通信间的一来一往给彼此都增加了等待和企盼的过程，而这个过程也是一种幸福，用句不恰当的话来比喻，那就是"妾不如偷，偷不如偷不着"。

更为难得者是王贵老有着收藏的癖好，他的这些名人手札在经历了各种劫难之后，依然完好地保存至今，现在他将这些手札分门别类地予以出版，这可谓是嘉惠士林的善举，这给相关的研究者提供了太多他处查不到的史料。翻阅这样的线装书，让我的心境瞬间回到了那个时代，而唯一的小缺憾则是无法将王贵老给那些人的回信展现在该书中，如果能将往返信件合在一起，则能让读者明白信中所言的本末——看来我又犯了求全责备的毛病。

《子复心赏》 汇正艺术 编

　　该书为戴新伟先生所赠。自从戴先生履新之后，他主持出版了一系列有分量的书画集，而今我得到的这本厚重的大书，也是一部毛边本。将一本大画册做成毛边本，估计也是戴先生的主意。而该书在封面设计上也颇为特别：在书封的正面以通栏的形式，镶嵌了一条仿竹臂搁，上面刻着堂号。

　　翻看这部大画册，从中可知怀冰堂的所藏均为当代书画家的作品，而这些人我大多未闻其名。能够出版这样的画集，当然需要出版者有着一定的魄力，也许这正是戴先生的眼光超前之处。更为难得者，戴新伟在

书中附了一页他所书的书法作品，他在来信中称："近读孙宝瑄《忘山庐日记》，其中有一篇大年初一的内容，颇隽永，抄了一纸奉上聊表心意。"

　　在上面我刚刚提到人与人

之间的交往少有再写信者，而戴新伟则恰恰给我写来了两页手札，同时还附上了一页这样的书法作品，见到他以工楷所书手札，竖行细字，一笔不苟，这份风雅让我马上想到了"斯文不绝"。而他又能从自己所读之书中，特意抄出一篇跟春节有关的内容，以此作为贺年之物，这样的雅人真可谓当今之星凤。

《文学起步101》 应凤凰 著

收到应老师的这部新作让我大感意外。今年我寄出贺卡后，一直没收到她的回复，我猜测贺卡可能寄丢了，而今收到了她的赠书，又见到了她书中的留言，原来她已经迁到了台湾的另外一个城市，看来我所寄贺卡确实没能送到她的手中，这个遗憾今年是无法弥补了，希望她来年仍然使用这个新址吧。

应老师的这册新作也是一部毛边本，更为难得者，是该书的扉页上贴着一张藏书票，而图案正是她的名字——凤凰。该藏书票上有手书编号，乃知这部书的毛边本总计做了50本，赠予我者乃是第6本，这真应当感谢应老师的美意。该书的制作机构乃是在华人圈中很有名气的"印刻出版"，然此书的毛边却依然是毛头向下，看来这种形制也是机器排版时难以调整的顺序。前几天俞晓群先生跟我说，欧洲的毛边本在制作之

时需要单独重新排版。如
此说来，想要制作出真正
的毛边本并非是件容易的
事情。

应凤凰的这部书可谓
眼光独到，她也有藏书之
好，而其难得者是她能将自己的藏书专题之一，用在收集这么多作家的
处女作上，按照其文中所言，她为了找到这些初版本，几乎跑遍了台北
的各家旧书店，终于搜集到了这么多的著作。我在该书中读到了许多名
人的作品，不知这些人会不会"悔其少作"，但我觉得高楼万丈平地起，
任何人都需要一步一步地攀登才能达到一定的高度，而他们的早期之作
正能表现出这些大家当年的努力，而应凤凰能有这样的眼光，用这种方
式来解读名家的写作历程，这正是令我佩服之处。

但我更好奇者是她为什么要刻意写"101 位"，似乎她仅写"100
位"，则更是个圆满的数字，我突然想到了台湾的最高建筑——101 大
厦，应老师是否想以此来暗喻她所收集的这 101 位作家的处女作，正印
证了这些作家有如 101 大厦那样，终究能登上文坛的最高层。

《齿留余香忆京城》 周绍良　著

这也是一册毛边本，周启晋在赠书题款儿中称："此先父旧作新版，
距先父辞世不觉十二载矣，人生如梦。"周绍良先生乃是现代文史大家，

他的大作我拜读过不少，然而他专写京城小吃的这部书，我却未曾拜读过。启晋先生在题记中说这是他父亲的旧作，说明此书在以前出版过，但我却未曾得见，这正是我的孤陋之处，而启晋先生之赠得以让我弥补上了这个缺憾。

拜读周绍良先生的这部作品，令我钦服老先生对很多事情能够讲得清晰明了，其中有一文乃是专讲《红楼梦》内的宴席，绍良先生治学方向之一就是对《红楼梦》一书的深入研究，他曾出过一本相关的专著，名为《红楼书录》。该书系统地记录了《红楼梦》一书的不同版本以及相关研究著作，绍良先生将每部书的出处大多予以注明，以便让研究者按图索骥。该书中也有未注出处的书，知情的朋友告诉我：凡是《红楼书录》中未注明出处者，就是绍良先生的自藏之品。

后来我在拍卖会上买到了周绍良旧藏的《文访兰手抄〈红楼梦〉》一书，该书内有绍良先生大段大段的批语，可知该书乃是其旧藏之物。查看《红楼书录》，书内确实著录有这部抄本，而后面果真未注明出处，看来朋友所言确实不虚。

绍良先生的这部大作中谈到了许多京城所特有的小吃，其所谈到者，有些我仅看名称就会口生津液，而有一些我却始终无法恭维，比如那著名的豆汁儿，其难闻程度绝对在泔水之上。而更为难得者，则是绍良先生在书中有不少处讲到了这些名称的来由。

写到此篇时，我总感到周绍良所撰《红楼书录》一名似乎有些不稳当，微信周先生的公子周启晋先
生问之。启晋先生告诉我，本书
乃是他的父亲和朱南铣共同编写
者，当时的作者署名为"一栗编
撰"。启晋在微信中说："这本书
至今仍然是研究《红楼梦》最全
的资料书，可惜这本书发行量不多，连我这里也没有第一版了，只有一
本台湾版的翻版。"

看来，启晋先生误以为我向他变相索要该书了。于是我跟他解释
说，自己只是在写一篇小文时提到了这部书，担心书名有误，所以向他
确认。于是他告诉我，该书的名称是《红楼梦书录》。记忆的不可靠，由
此又添了一条证据。

《愚园路上》 徐锦江 著

拙作《觅宗记》出版之后，上海文艺出
版社安排了几场新书座谈会，其中之一举办
于上海的解放大厦，本次的座谈由陈麦青先
生与我对谈。在第一排嘉宾席上有一位我不
相识的先生，一眼望去就能感觉到他身上所
散发出的睿智。讲座完毕之后，我就收到了
这册赠书。讲座的主办方告诉我，该书的作

者就是刚才听讲的那位领导，因为他感觉我的所讲"还不错"，所以就有了此书之赠。

以这种方式得到的赠书，于我而言倒是颇为特别：我与徐先生谋面却未曾相识，而对方以自己的著作来表示对我和陈麦青老师对谈的首肯，这也应当算是文人间的雅事之一吧。

《生肖日历：2017 锦鸡吉祥》

此前收到了商务印书馆蔡长虹老师的微信，她说收到了我的贺卡，为表谢意，她要回赠一本台历。不知什么原因，今年可谓是台历大爆发的年头：突然之间，很多出版机构都一窝蜂地追这个热点，而我至少收到了相关的十几个品种。我总觉得台历不同于书籍，因为台历是实用品，收到太多这样的赠物，确实不知如何处理，更何况，任何东西收到太多也会令自己产生审美疲劳，因此我婉拒了蔡老师的美意，但她仍然坚持要寄给我，那我只好从命。

等我接到这本台历时，我真庆幸自己没有错过一件"美历"。这本台历做得太漂亮了，其在书口的三面分别满绘图案，其精细程度在其他书口绘本中，颇为少见，这正是该台历不同于同类作品的地方。而更为难得者，则是台历的封面印着"商务印书馆壹佰贰拾年纪念"，仅这一句话就点明了该台历有着收藏价值。

昨天见到了中信出版集团总经理王斌先生，王先生在聊天时提到此前的一场聚会，他在会上特意讲述了商务印书馆成立120年后依然有着很大的影响力。而今很多新的传媒潮起潮落，不要说120年，恐怕12年后，有很多如雷贯耳的传媒机构就消失在了这个世界上，而这也正是商务印书馆值得尊崇的地方。我对王先生的所言深以为然，而今得到了这部有珍藏价值的生肖台历，这当然应该感谢蔡长虹老师。

《开封琐记》 高科恒 著

我与高先生不相识，然蒙其厚爱，其直接赐书予我。从该书的作者简介中得知，高先生长期从事开封地方文化的探讨研究，并且是河南省民间文艺家协会会员。翻看该书，我方明白高先生赠书予我的原因：高先生的这部大作，其内容均是关于开封一地的历史遗迹，可能是他看我

一直在国内寻访古人遗迹，觉得这本书可以让我了解一些开封的历史遗迹细节。

就寻访而言，能够确认具体的目的地，是最重要的着眼点，因为太多的历史遗迹虽然有着一定的名气，但少有人能指出在当今的具体方位。如果这处遗迹寻访点能够有具体的门牌号码，则对寻访者最有帮助，而高先生的这部专著最能贴合我心，因为他每一篇文章都列出了具体的地址与门牌号，更为重要者有一些地点还附有照片。由此可知，高先生曾亲自探访过这些地方，而这也正是该书的难得之处。

我的历史遗迹寻踪之旅虽然有多个题目，但我在统筹兼顾方面做得并不好，这应当是自己性格上的一根筋所致，比如我在访古代书楼时，则想不起来也可同时在当地一并探访其他遗迹，而这本《开封琐记》中有一篇题目为"南书店街57号"，看到"书店"二字就让我眼亮，因为古代书房遗迹最难探寻，于是细读高先生的此文。然文内所讲的内容则是一家南货店，这个结果不免让我有了个小失落，但转念思之，既然这条街名叫"南书店"，那说明这里一定开过古书店，仅凭这一点就给我提供了线索，我可借此深挖一下：这条街叫"南书店街"，究竟是多大的一家书店才能把这条街起为该名？

《清代版本叙录》 翁长松 著

我跟翁先生仅见过一面，这已经是 15 年前的事情。某次，我前往上海，陈克希先生特意找了几位上海的爱书人在一起聚会，我们共同聚在克希先生的办公室内谈书聊天，正是在那次聚会上让我得以结识翁长松先生。

在那次的聚会上，翁先生给我留下的印象是沉默寡言、金口不常开，而后我在一些报刊上看到了他发表的一些大作，而这些文章大多是跟新文学版本有关者，但如今收到了他的这本专著，才让我感觉到自己对翁先生的治学方向了解得并不清楚，原来他在清代版本方面还下过这么大工夫。

以传统的藏书观来论，可能是厚古薄今的观念所致，清刻本很少受到重视，只是到了民国年间，伦明为了续修《四库全书》开始广收清代刻本，而邓之诚为了研究清诗也曾致力于清人别集，但这两者都不是从版本角度来着眼。

对于清代版本的研究专著当以黄裳先生的《清代版刻一隅》为最早，然黄先生的这部作品是从鉴赏角度着眼，书中主要是列举一些他所收藏的清刻本中的稀见品种。而对于清代版本的综合性论述，当以黄永年先生和贾二强先生合著的《清代版刻图录》最具名气，该部专著的着眼点乃是尽量地涵盖清代版本中的不同品种，

无论珍罕还是常见，凡有特点者都尽量收录，其重点则是在图，而非文字，虽然该书中也对每种版本有一些介绍与评价，然这些评价仅是画龙点睛的寥寥数语。

而翁长松的这部专著则是撷取清刻本中有代表性的作品，而后对每书进行来龙去脉式的介绍，这让读者能够系统地了解清代版本，颇为便利。然该书亦属大醇小疵：书中所配书影大多是翻拍而来者，故而清晰度不够，无法体现出真正的清刻之美。

《词学胜境》 唐圭璋 著

这部书是布衣书局的老板胡同先生快递给我者。我本想去电话问胡兄为什么寄给我这样一部书，虽然近期我正在写跟词学有关的文章，但我的这个工作并没有向胡先生汇报过，难道他真的先知先觉？

翻看该书，从书内找到了一通手札及一个小便条。这张便条不知为什么撕掉了一块儿，细读上面的文字，我猜不出被撕掉者为何字。而从所剩之字来看，这位写便条之人托胡局办两件事，其中之一则为："将此盒转寄韦力先生，感谢先生为我们签书、赠书。"看到这个盒子，我马上再翻看胡先生的快递包装，果真里面有一盒黄道益活络油。

这种油是香港的名品，我知道很多人都到香港整箱地带此油回内地，因为这种油对治风湿和关节痛有奇效，也有老人家特意嘱咐我，到香港时帮他们带此油。然我却是第一次收到这样的馈赠，看来赠此油者也把我视为"老腊肉"了。尽管已年过半百，但我一直没觉得自己已经上了年纪，而今面对此油多少还有了几分的小失落。

再看那通手札，虽然像便条一样也未落款儿，确切地说是没有落真名，因为其落款儿为"布衣芷兰斋书友"，这样的做好事不留名让我想到雷锋同志就经常有这样的落款儿。然从字迹看，便条和手札的笔迹出自同一人，其在手札上首先说了这样一句话："上海活动曾请书友代签了几本，知先生手疼，特寄此药，愿多使用，局长曾用过，好与否可询。"

看来是我神经过敏了，差点儿误解了这位好心人的美意：他寄给我此油不是暗喻我已经垂垂老矣，更多者是听到他人讲因我签字太多而搞得关节疼，所以才特意赠此油予我，以便我的伤痛能够得以缓解。看到这句话让我倍感心暖，看来自己的所为很是能够得到他人的体谅与关怀。这张便条上还谈到了赠给我此《词学胜境》的原因，这也是一种美意，更为难得者，该书的扉页上还钤盖有一枚唐圭璋先生的白文印章。

这位书友在手札的下方又作了三条小注，一是让我不要挂怀于心，二是不要将此纸条公布出来，第三不要打听他的姓名。按理说我应当对这位好心人的要求一一遵奉，然转念细想：如果不公布出来，会让我那帮"胡朋狗文友们"认为这是我自编自导的一个故事，更何况这位好心人的来信并未落真实姓名，想一想，我还是决定依据"将在外，君命有所不受"的古理，将这张纸条公布出来，以此来表达我对这位朋友深深的谢意！料想，这位好心人不会认为我的这种举措太唐突吧？

《徐时栋年谱》 龚烈沸 著

这位龚先生我同样未曾谋面，然他的这部大作却是我很喜欢者，这缘于我对徐时栋有着特殊的偏好。虽说这位徐时栋只是清中晚期的一位宁波籍藏书家，他的藏书成就也并未高大到哪里去，然而他的精神却给我以极大的鼓舞：徐时栋几乎藏书一生，而他的藏书楼几毁几建，这种屡败屡战、百折不挠的精神，在古代藏书家中少有人能与之相比。

在清初，钱谦益的绛云楼极具名气，此楼的珍藏无论在数量和质量上，在他的那个时代都堪称巨擘，然而绛云楼的意外失火，让钱谦益从此对他挚爱的藏书之事意兴阑珊，他将劫余之书都转赠给了钱遵王，与藏书之事金盆洗手。而徐时栋则不同，他的藏书被大火烧光之后，他又换个地方重新建起一栋藏书楼，同时又从零开始，广泛地搜集书籍，使得他重建的藏书楼再次变得名副其实。要知道，他的这种凤凰涅槃般的

行为进行了不止一次，其心
理之强大，可谓天下无敌，
这也正是我敬重徐时栋的原
因之一。

而这原因之二，则是
缘于我对徐时栋所藏之书的
偏好。他的藏本以我所见，
大多都有其所写题跋，不知什么原因，他的题跋之本偶尔能够在拍卖会
上得见，因为我对他的偏好，到如今业已收到了数种。细读他的跋语，
能够感受到他对这些书有着深切的体悟，由此可证，他的藏书并非只是
书本的堆积，而更多者，这些书真是他的阅读之物。

对于徐时栋生平的了解，我大多是从一些藏书家传记中读到，那
类传记资料仅是简明扼要地介绍，而龚先生的这部书却以几十万字的篇
幅，以时间为经络，系统地梳理了徐时栋的生平，这样的年谱读来，一
点儿都不枯燥，再加上我对徐时栋的偏好，这使得我读到龚烈沸的这部
《徐时栋年谱》时，有着大快朵颐的痛快之感。

《静盦汉籍解题长编》 长泽规矩也 编著

此书为上海人民出版社朱旗先生所赠。本月的北京图书订货会，朱
先生前来带队参加，期间他忙里偷闲地召见了我，并赠给了我这部大
书，他觉得我对这部书一定感兴趣。

朱先生真可谓"知我者也"。我对日本汉学家大多有着特别注意，这缘于他们对典籍的研究有着庖丁解牛式的笨而有效的办法，而这些日籍汉学家中的长泽规矩也，则是我特别关注者之一，因为他不仅仅是研究中国典籍，并且他还能从历史的角度来系统地研究中国典籍之间的关系，纵与横都能搞得同样深，这一点很不容易做到。

朱社长赠我的这部影印本，则是长泽规矩也在 1944 年到 1946 年之间，所写的一部中国古籍善本整理目录。而该目录的特殊之处，乃是这批书的特殊经历：当时国民政府为了抢救中国的珍本典籍，特意组成了秘密的工作小组，这个小组的成员包括了郑振铎、张元济、张寿镛、何炳松、蒋复璁、叶恭绰等人，这些人在日本人的眼皮底下，秘密地收购珍本古籍，而后分批邮寄到香港，但这批书最终还是落到了日本人的手中。

而长泽规矩也正是奉日本军部之命，对这些古籍进行了整理编目，因此说，这部目录对于中国古籍的流传史，有着特殊的意味。上海远东出版社则是依据 1970 年的日本影印本予以再版，使得这部流传不广的重要著作得以让更多的人看到，仅这一点就功莫大焉。

前一度，听朱先生说上海世纪出版集团下属的五家出版社并入了上海人民社，而上海远东为五家之一，这也正是朱先生赠我此书的缘由。

翻看长泽规矩也的

这部目录，我对他的认真精神依然表示钦服，比如他在著录中会将一些珍本每卷的页数一一数出，这种著录方式我在其他目录中少有见到，因此说，虽然这部目录是中国图书史上的痛史之一，然而长泽规矩也的目录著录方式却能给人以启迪，而这也正是该书的价值所在。

《唐代政治史略稿》 陈寅恪　著

此次的南昌寻访我得到了毛静先生的大力帮助，而当我们第一次见面时，他就将此书赠予了我。

对于陈寅恪，于我而言，有着一如既往的崇拜，虽说近两年有一些人质疑他的学问究竟是否如社会上流传的那样伟大，但我觉得无论从哪个角度而言，陈寅恪都对中国的文史之学有着开拓性的贡献。虽然他在晚年没能写出更多的历史巨著，但那是特殊环境所致。不止是陈寅恪，在那个特殊年代里，又有谁能够写出划时代的宏著呢？

而后的寻访过程中，我跟毛静聊到了陈寅恪，他的许多看法跟我有不少的相同之处，这样的聊天岂止是"愉快"二字所能形容者？翻看这部影印手稿，里面有大量陈寅恪的校改之处，其作学问之认真，由此可窥一斑。

《邓子龙传》 毛静 著

　　几年之前，我到江西去寻访元代文学家揭傒斯的遗迹，在一个小镇上看到了一尊雕像，我本能地以为就是揭傒斯，但当走到近前才知道这位戎装武士乃是邓子龙，这个结果于我而言不免有些失望：虽然邓子龙在历史上也有贡献，然以我的功利心来看待，我今天寻找的并不是他。

　　这次在南昌见到毛静先生后，他无意间用肯定的口吻跟我说："你肯定还没找到揭傒斯的遗迹。"显然，他低估了我的能力，我骄傲地告诉他："三年前就找到了揭傒斯故居遗址。"果真，我的回答让毛静有些意外，而后他给我讲述了揭氏故居门前的那个木牌坊，同时告诉我木牌坊上的字迹乃是后人重新添加者，在添加的过程中还有着不为人知的趣闻。而我则感慨于当地人未曾看重揭傒斯，因为他们镇上的雕像不是揭傒斯，而是武士邓子龙。毛静闻言，立即跟我说："那尊邓子龙雕像是我策划建造起来的！"

　　这真可谓冤有头债有主，竟然有这等巧事。而后毛静讲到了他在那里挂职锻炼当领导时，所做的一些文化政绩，而其政绩之一就是那尊邓子龙雕像，他说：那尊雕像建造之时，那个十字路口还颇为空旷，所以这尊雕像看上去高大威猛，而后正是因为有了这尊雕像，这个路口的附近陆续聚集起了一些商家，到如今那个路口已经成为了一片繁华的商业区域，这个结果是毛静当年未曾想到者，虽然当地的经济为此而得以繁荣，但因为路口附近建起的越来越高的商业店铺，这尊雕像变得矮小了起来。

很多事情的初衷与结果都不是策划者能够预先猜得到者，这个真理在毛静建雕像这件事上又予以了印证。而我们谈到邓子龙后的第二天，毛静又赠给了我一部书，封面上赫然写着《邓子龙传》，难怪他对邓子龙如此之了解，原来他对这位英雄人物做过系统的研究。

《苍蝇》 杨政 著

前几天，海豚出版社俞晓群先生召我前往其社谈事，而后聊到了书的封面，他向我出示此书，问我对这本书的封面设计有何看法。当时在座者，其中三位为海豚出版社著名的设计师，我不确定《苍蝇》一书是出自这其中哪位之手，而此时我有几本书稿已经交给了该社，其中有两位设计师都为我的拙作费心地拿出了几种设计方案，万一我在评价《苍蝇》一书时误伤了一位，这岂不表明我是何等的狼心狗肺？

对于俞先生的问话，我总不能不回答，而在这关键时刻，我突然想到了鲁迅在《立论》中讲的那个小故事：某家人生了男孩，众人来贺喜，所有人都会说讨喜的话，唯有一位说了句实话——"这孩子将来是

要死的"，于是他为自己的这句实话遭到了一顿暴打，但有人觉得自己既不想说谎也不想遭打，于是便有了这样的问答：

"我愿意既不谎人，也不遭打。那么，老师，我得怎么说呢？"

"那么，你得说：'啊呀！这孩子呵！您瞧！多么……阿唷！哈哈！'"

不知这算不算是"打哈哈"一词的来由，我决定在俞先生及众设计师面前，表演一下鲁迅所写下的这个场景。可能是我的表演太过拙劣，一番不着边际的词语之后，俞先生仍然追问我："你觉得这个封面设计得到底怎么样？"我觉得在这种场合下，说好是唯一的办法，于是我夸赞该书一眼望上去就让人印象深刻，其实这样的深刻我指的是书名，因为我还真没看到过谁将自己的书名起为"四害"之一。

本以为我的所言不会有大错，结果却证明很多事并非我所能料到者，因为俞先生接着告诉我：此书稿交到社里时，原本请了一位设计师做出了几稿，然而作者均不满意，最终是作者本人设计出了本书的这种装帧。到这时打哈哈已经没有用了，我也只好不再言语，默默地把这本赠书装入了包中。

回来后翻看该书，里面有不少的插图颇为养眼，而此书的封底上则印着其他诗人对于作者的评价，其中张枣说："他是黑夜的密语者，也是诗人中的诗人。"这种夸赞不知算不算是一种极致。

《奉新故事新编》　樊明芳　编

因为汽车限号的原因，毛静原本第二天要带我去看新风楼，然此楼处在闹市区中，于是临时改变行程，他带我前往奉新县去看藏书楼。在奉新县城内，毛静首先去找当地的文史专家樊明芳先生。樊先生确实对当地的人文地理了如指掌，开车所经之处，他都能滔滔不绝地向我讲述每处遗迹的来由以及相关的故事，这让我在寻访过程中也学到了不少知识。

午饭之后，樊明芳又带我登山去寻找华林书院遗址。参观完遗址之后，他又告诉我该书院创始人的墓就在遗址的后山之上，于是我等三人继续努力攀登。在山腰上，我们路过远古道教人物李八百的隐居之处，对我而言，这是个重要收获。而后樊明芳向我讲述了李八百的一些传闻，均为我未曾听闻过者，于是我问他有没有关于李八百的历史资料，他说自己的一部书中曾经提到过。

寻访完毕返回奉新县城时，樊明芳特意回家取来此书赠送给我。面对这份真挚与无私，我却只能廉价地说几句"谢谢"，可能也正因如此，过了这么多天再想起时，朋友的这份情意依然让我觉得心暖。

《李之藻研究》　方豪　著

此书乃是海豚出版社朱立利先生所赠。此书近方开本，小巧精致，

而我更为喜欢者则是该书的内容。我对李之藻有着特别的好奇心，他身为地方官员，却能全家加入基督教，而为了符合基督教义，他竟然解决了自己的那些妾，是怎样的感召力能让他做出这样决绝之事？也正是因为他的反叛精神，所以后世流传他的著作很少，我至今都未曾得到过，而刘扬先生藏书的专题之一就是与此有关者，不知他是否收藏有李之藻著作的初版本。

此书乃是吴兴文先生从台湾为海豚社引进的版权，而吴先生乃是两岸出版界的名人，他以自己独特的眼光敏锐地把握了哪些书是读者最想看到的，至少他引进的这本书很能满足我的好奇之心。

中国美术史·大师原典

受中信出版集团王斌先生之召，我到其约定的地点与之见面，王先生赠给了我一大包书，当时因为包裹严密，未曾拆视，回来后立即拆包，竟然是这样一部大书。

近些年，因为我出书较多，为设计师提供封面设计素材成为了我的一件头疼事，毕竟每家出版社都会有众多的作者，每位作者都会写出不同的作品，设计师不可能对每个门类的内容都很熟悉，故而让其设计出跟内容相符的封面，这不是件容易的事情，所以，设计师请作者提供相应的参考图乃是理所当然之事，可惜我以往没有做过这类的储备，临时抱佛脚也没那么容易。

然而王先生赠我的这套大书却给我带来了许多的便利，因为这套画册几乎全部是历史上的名品，用这些人的作品当然不会有著作权纠纷，而我的这些拙著都是跟古代有关者，能够从这些古画中选择元素是颇为贴题的一种捷径。

这些画册中有一册为钱毂的《梅花水仙图》，该图前附有钱毂小像及其一幅书法作品，见此颇让我有惊喜之感：两年前，我拍得了钱毂的书法作品，而那个册页后面则有罗振玉和罗振常的题跋，巧合的是，这册《梅花水仙图》中也有罗振玉的跋语，看来我的所得及中信社影印的此图，同样是出自罗家。而今看到这段跋语，又看到了钱毂的画像，顿时让我有了如逢故人之感。

《逛书店》《清牌记》

这两册其实并不是书，而均为笔记本。前者乃是杨小洲先生所设计，后者则是由我提供的书影，并由妹合文化公司制作而成。杨先生制作的这册笔记本可谓高大上，其封面保持了他一贯偏爱的西洋风味，在制作方面也称得上是精益求精，而我的这个笔记本则是专为布衣书局的书友所制，里面有我所提供的清代牌记24幅，该笔记本总计制作了2000册。

因为制作匆忙，故在文字上有些错误之处，为此受到了一些喜爱之人的诟病，这让我感到颇为惭愧：不管是什么原因，错误在自己，虽然这不是书而只是个笔记本，尽管如此，也应当精益求精，可惜我整日忙于写书，确实无暇仔细校对，在此向众位书友表示歉意！

原本这个系列的笔记本打算制作四种，每季度一种，然而从第一本就让我感到无论大事小事，自己都要认真对待，我既然拿不出那么多的精力来制作这册笔记本，就不应当匆匆上马，故而我已告知胡同先生，原本的这个笔记本系列至此暂停，后面三本不再制作，同时也请厚爱我的师友们能够理解我的这个决定。

　　然而杨小洲先生制作的笔记本却完全没有这个毛病，这册笔记本不仅制作精良，更为奇特的是这册笔记本里全是空白纸，真应了那句古话——"不着一字，尽得风流"。我想，这册笔记本可以斩钉截铁地说：里面不会有一个错字。杨先生的这个做法让我大受启发，看来古人强调的删繁就简确实有其道理所在，而我的这种喋喋不休肯定令人生烦。一念及此，这个月的赠书录写得如此之长，是否也同样令读者生烦呢？看来此事值得再做考量。

贺年卡

　　这是扬之水老师赠给我的贺年之卡，其隽秀的蝇头小楷一如既往地愉悦了我的眼睛。水师收到我的贺卡后给我发来了微信，她说我的贺卡制作得越来越繁复，让她觉得无法回赠。我跟水师说：我的这种作为可不是炫富，因为系列制作使得朋友们对我每年的贺卡有了更多的期待，这也让我挖空心思想再琢磨出一些新方式来，然毕竟自己的美学修养有限，所以只好把不同的一些观念添加到贺卡之上。

而今收到了水师的贺卡，其刻意为之的简洁，跟我那透着土豪气的贺卡，形成了很大的反差。看来真如智者所言的"美是一种和谐"，而水师的这种书写工夫我也无法效仿，看来，我也只能按照自己的办法，继续土下去了。

《张爱玲的画》

这也是一册笔记本，制作者乃是模范书局的姜寻先生。姜先生的审美情趣我完全无法与之比拟，因为他本就是美院的高材生，后来的工作又同样是搞美编设计，再加上他有藏书之好，这几者加在一起，使得他的设计，无论是书还是笔记本都有着与众不同的风味。

近两年，张爱玲大火，与之有关的著述出版了许多，而姜寻却能独具慧眼地以张爱玲所作的速写为图案，制作出了这样的一册笔记本，这也正是艺术家眼光之所在吧。

《藏书家日历》

　　此为徐俊霞老师的作品。两个
月前，徐老师给我发来微信，她让我
提供一些古代藏书家的生卒年，最好
能查到具体的月份。我问她索要这些
的用途，她却跟我说暂时保密，于是
我查找了一些资料，并给她提供了相
关资料，而后也就忘记了。

　　前天收到她的快递，打开一看，
竟然是这样的东西，这才让我想起她
当时索要藏书家生卒年的目的，其设
计之用心、构思之巧妙，确实令我叹服，而其同时寄赠者还有一本笺谱
日历。能将古老的笺谱跟日历合为一体，这也同样需要奇思妙想。

《琼琚集》　韦力　著

　　以此书作为本篇的结语，可称最为贴题，因为这本拙著就是我以
往所写《师友赠书录》的结集。蒙海豚出版社俞晓群先生之不弃，同意
将这样的记录予以出版，他认为我的这些赠书录虽然表面上看只是我对

书友的感谢，但文中谈到了许多交往的故事，而这些故事也可以说是书界史料。得到他这样的肯定，当然令我大为高兴，于是我对之前两年的《师友赠书录》进行了一定的补充和修润，而后交给了海豚社。

而书名的来由则是本自《诗经》中的：

投我以木瓜，

报之以琼琚。

匪报也，

永以为好也！

投我以木桃，

报之以琼瑶。

匪报也，

永以为好也！

我原本想把本书名起为"琼瑶集"，因为这样的称呼更为通俗易懂，然而"琼瑶"之名已经成为了某位台湾女作家的专用名词，我若以"琼瑶"为名，则有掠美之嫌，所以我选择了与之涵义相同的一个词，不知诸者是否喜欢。但需要郑重声明的是：师友们的所赠可决非是"木瓜"或者"木桃"，因为这些精神食粮让我享受

到的，则远超"琼琚"与"琼瑶"，我用此词作书名，仅是个比喻而已。

　　该书的封面设计同样是出自杨小洲先生之手，他把这本书设计成了西洋风味，因为他觉得无论是平装书还是精装书，原本均为西方传来者，所以他将书内的版式也设计成了上窄下宽的模样，这种设计方式恰与中国人所讲究的"上宽下窄"相反。我觉得既然封面设计成了西洋味道，而书内的排版也遵奉了这种规矩，这才称得上是真正的原汁原味儿，故而我在此郑重感谢杨小洲先生，因为正是他才让我知道西方的排版方式竟然如此讲究，尽管我并不清楚这种排版方式的道理所在，但我相信"存在就是合理"，更何况，这是经典。

2017年

2月

《冷冰川墨刻》 冷冰川 著

前几天，爱书人的微信中都在转发中国有两本书获得了"世界最美的书"评选的奖项，朱赢椿的《虫子书》获得了银奖，而冷冰川的《墨刻》一书则获得了荣誉奖。这个获奖消息让我有些高兴，因为我与这两位艺术家都有着间接的关系。去年我在南京寻访之时，薛冰老师特意带我到朱赢椿的工作室去观览

了一番，我在那里不止看到了《虫子书》，同时还细细地品味了朱赢椿观察虫子的那个小院，遗憾的是我在那里一只虫子也没发现，但我对他这不着一字的大作，却留下了深刻的印象。就凭他这种创意，我当时就跟薛冰老师断言，这样的书肯定能够获奖。

而跟冷冰川先生，我则有着一饭之缘。十余年前，华宝斋想做一部新文学版本方面的书，薛冰还找该厂的负责人张金鸿先生来到北京，而后我们一同到姜德明先生家去拜访参观，晚上又回到华宝斋北京展示中心，一起吃饭时约来了冷冰川先生。以我的观察，冷先生的性格有如他的尊姓大名，至少在那个酒桌上，他言语不多，我觉得这正符合他艺术家的气质。

虽然没有太多的接谈，但我仍替他的该书获奖而高兴。这句话倒并

非是场面话，因为该书获奖的乃是装帧，而该书的装帧设计者则是周晨先生。我跟周先生倒也算是半熟的朋友，与他的相识我所能记起者，则是苏州王稼句先生的

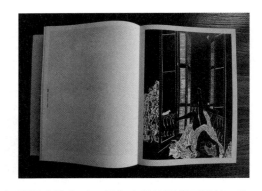

介绍，但某次我们在一起酒喝得爽快之时，周先生说他跟我不是第一次见面，我向他解释了自己记人脸水平之差。

在聊天时，我知道了周晨先生当时担任"中国最美的书"评委会的委员，我立即向他讨教设计成什么样的书才能获奖，周先生很有耐心地向我普及了一些书装设计基础知识，我当时就兴奋地跟他讲：希望有一天，自己有一本书能够是出自他的奇思妙想。周晨爽快地答应了我的请求。当然，我把他的这种回应仅当作是一种客套的应酬。以我的想象，他在南方书装设计圈内颇具名气，找他的人应该有的是，他恐怕难以有空来做我的设计。

但有些事情确如古语所言——"人算不如天算"，前一段青马公司的林妮娜老师约了一部我的书稿，某次聊细节时她跟我说这部书想请周晨先生来设计，她的这句话当然令我大感惊异：这事也太巧了吧，真可谓想啥来啥。我们的这番聊天过了还不到一个月，周晨先生设计的这部《冷冰川墨刻》就在国际书展上获了奖，这当然又给我增添了许多惊喜，但同时也让我附加了更多的期待，真盼着他给我设计的这部书也能获得一些奖项，虽然设计者不是我，但至少跟我的书有关，这当然能令我感

到"与友荣焉"。

前几天，拙作《琼琚集》得以出版，海豚出版社的朱立利老师约我去签名，在俞晓群先生的办公室内，我无意间看到桌上摆放着这部《冷冰川墨刻》，我马上问俞先生："您怎么也有这部书？"他诧异地望着我说："这有什么奇怪的，此书就是我们社出的。"真是惭愧，我只顾着看这部设计的书，却忘记关注一下下这只蛋的母鸡是谁。

而朱立利在旁边向我讲述了该书制作之难，他说本书的下书口乃是靠激光烧制而成，这样的书要一步一步来制作，很费工夫。而后他给我讲了许多制作上的难题，这让我对该书更加夸赞有加。我的赞誉得到了回报，因为朱老师一高兴就从他的办公室里拿来了一本，他说这是自己的样书，既然我如此喜欢，那就以此相赠。看来，灶王爷的"上天言好事，回宫降吉祥"果真灵验。吉祥降没降我是不知道，反正我是得到了这么一部难得的好书。

《东西六短篇》	东西　著	《李锐六短篇》	李锐　著
《魏微六短篇》	魏微　著	《韩东六短篇》	韩东　著
《少功六短篇》	韩少功　著	《海男六短篇》	海男　著
《阿来六短篇》	阿来　著	《格非六短篇》	格非　著

这八部小精装全部为海豚出版社的作品，同样是朱立利老师赠送给我者，我把这也视为自己说好话得到的奖励。我觉得这套书的选题视角颇为特别：每位作家都选了六篇短文，而每个书名都是以作者的姓名加

上"六短篇"三个字。以我的想象，这个六短篇系列如果出成六本，倒是符合"六六大顺"这种俗念，可能设计者正是为了突破这种俗念，所以才出了八本。

但我不确定该系列实际的出版数量，如果多于此数，送给我九本更为恰当，因为九本不仅是在拍照排列上颇为精整，更多者也符合而今微博配图中常用的九宫格，既然我得到者是八本，于是乎，我在拍照时将中心空出来，摆放上一个臂搁，此物乃是太原的原晋兄所赠，其材质乃是难得的崖柏，我用了几年后，该臂搁依然散发着独特的香味，这让我时时想起原晋兄的美意。

《闲话茶事》 周颖　著

此前鲁博的肖振明老师给我来微信，他说浙江湖州市博物馆周颖老师买了我几本书，希望我能予以签名。其实我对签名之事颇为纠结，这种纠结完全不同于明星的耍大牌，因为我也没那资格。原本我对朋友要求签名，基本上是有求必应，我认为别人买自己的书正是对自己辛苦劳动的一种肯定，而于我本人当然感谢师友们的肯定，更何况，在书的扉页上签几个字不过是举手之劳。但近几年，几家网站尤其是布衣书局，一直在卖我的签名钤章之书，在他们的努力下，使我的书传播得更广，我对此当然有着感谢之情，然而这种做法也有一个矛盾：就收藏品而言，其中一个重要的铁律就是物以稀为贵，而如此的大量签售，显然是近似于臭了街的节奏。

即便如此，其实对我也没什么，自己的书没人读了，不再写下去也就罢了，毕竟再好的东西也会引起人们的审美疲劳，但我在意者则是布衣书局网站对于拙作销售的努力，站在这个角度而言，还是应当少签为是。可是面对好友的嘱咐，我当然无法拒绝，于是就跟肖老师说了句痛快话："没问题。"

周颖老师寄来拙作的同时，还送给了我一本她的大作，该书专谈茶事，虽然我的茶品很低，但对这方面的历史颇有兴趣，毕竟存在就是合理，这么多人爱茶必有其道理所在。翻看该书让我长了不少的知识，尤其文中谈到的茶圣陆羽，则是我最感兴趣的历史人物之一。三年前，我访到了他的墓，而其墓正是在湖州地区。一念及此，突然让我醒悟了过来：周老师为什么要专门写这样一部跟茶有关的书？因为陆羽茶圣就是葬在湖

州，而作为当地的博物馆馆长，写这样一位历史前贤，当然是最正确不过的事情了。

《可居室藏书翰·罗振玉》 王贵忱　王大文　编

　　王贵忱先生藏手札之富在当今的藏界少有能与之匹敌者，今日手札已成收藏热门之一，虽然很多人都加入了这个收藏门类的队伍，即便他们藏的手札远远比王贵老更多，但以我的私见，这两者之间还是有不可比拟之处，因为王贵老的所藏大多都是跟他有一定渊源者，有些是与他交往的名人，还有些则是他搞的研究专题，而罗振玉的这一批当然属于后者。可是王贵老跟罗家后人有着密切的交往，从这个角度来说，可居室所藏手札更多者是一段历史互动故事，其难得之处恰在这里。

　　某次我跟王贵老聊天时，主要话题扯到了罗振玉身上，我们交换了各自的观点，并且都惊异地发现我们对罗振玉的看法竟然有一致的地方。

　　罗振玉的手札我也藏有一些，但我的数量远远比不上可居室，而王大文兄能够将父亲的珍藏公布出来，这对学界进一步了解罗振玉的思想大有裨益，更为难得者是这本出版物将每一通手札都作了释文。

一般而言，作释文是件费力不讨好的事情，因为古人写手札时的随意性较强，故有些字辨认起来十分困难，而一旦释文中有错字，就会受到不宽容读者的指责，尤其罗振玉的字体瘦长而紧密，有些字难以猜出，而该书则以手札的原行作原释文，以便于读者对照比勘，这种自信让我佩服。

《苏州小王山摩崖石刻》

在马骥先生的安排下，他的两位同事带我前往小王山去探寻几位名人遗迹，其中就有李根源。李根源何以能够在如日中天之时，激流勇退躲在这大山之中，并且一住就是十年，这其中的缘由我已经看过多个版本的解释，但当我来到小王山时，突然开始怀疑那些所谓合理的解读，这里毕竟离苏州城区有不近的距离，而李根源住在这里接待了许多重要名流，这个名单能够列满一页纸。

这些人物中有许多是艺术家，而艺术家来到这深山之中拜访李根源我当然能理解，毕竟游山玩水乃是艺术家创作灵感的重要源泉，更何况有李根源这样一位重要人物可投奔，这当然是乐不得的一件事，但是前往小王山来见李根源者还有许多的政要，这些人物哪怕够不上日理万机，但日理百机总会有，那时的交通又不方便，他们为什么要挤出繁忙的时间跑到这山里来见李根源呢？现场探访的结果，我不但没能找到答案，反而又多了几个问号。

我在电话中跟马骥聊到了这个话题，他竟然跟我有着同样的疑问，而后他让我留意小王山上那众多的摩崖刻石，因为这些刻石大多出自名人之手，如果没有特殊的交往，这些人不大可能给李根源题写此类作品。从摩崖刻石的题款儿者来探讨李根源跟一些重要人物的交往，这倒是一个独特的角度，我赞赏马骥兄的这种联想方式，而这个赞誉则让我得到了这样一本书的馈赠。

翻看该书，果真在里面既看到了像马相伯这样的文化名人，同时也有着黎元洪这样的政要。这位黎元洪也是位奇特人物，他一生当过两任大总统和三任副总统，这在中国历史上绝无仅有。他为什么要给已经退居山林的李根源题字呢？仅凭这一点就值得探讨。

《吴下名园记》 王刃 点校

我跟王刃先生没见过面，他是从王稼句先生那里要到我的联系方式者，而后就有了此书之赠。这部书装点之素雅，能够看出设计者之用心，而封面书名的题字，一望即知其必定出自王稼句先生之手。翻看该书的内页，也能够体味到王刃先生在制作此书时费了不少的心血。

苏州园林享誉天下，我对此也有着特别的兴趣，但我需要解释几句：我对这些园林感兴趣并非是喜欢游山玩水，说到这里又需要再做解

释的解释——我不反对游山玩水，我之所以缺乏此好，正是人生学习阶段的缺憾，因为我在上学时没有受过美学教育，故而完全缺乏一种对美的欣赏能力，这种缺憾是后天难以弥补者，也正因如此，每当我跟着朋友游山玩水时，都难以体会到自然之美如何能让那些朋友显现出极大的兴奋，虽然我也有些兴奋，但我的这种兴奋仅是受朋友的感染而已。

可是我对苏州园林则不同，因为这里的每一座园林都有着长长的历史故事，再加上苏州藏书的文化底蕴极深，这使得每一座园林又跟我所感兴趣的藏书历史挂起了钩，而王刃的这部书，其内容所讲是每一座名园的原始资料汇编，这些资料会让我在写作之时有了太多的历史借鉴之处。

该书制作如此精良，想来文中的点校也同样准确无误，这令我可以大胆放心地摘引。无意间翻到了其中一页乃是"可园记"，而关于可园一文我早已写完，如果能够早看到这篇"记"，就能让我的那篇小文丰满许多。

《数卷听春》

　　大年二十九这天，我接到了一位女士的电话，她自称是台湾的傅月庵先生介绍来找我者，因为有一本拍卖图录她要给我送来。二十多年来，我收到了太多的古籍拍卖图录，更何况马上过年，并且第二天我已经约好了一处寻访之点，于是跟这位女士说不用她费心跑一趟，我给她个地址，请其将图录快递给我即可。

　　然这位女士坚持要送过来，她说另有一些事情跟我请教。我觉得她这只是几句客气话，但既然是从台湾而来，这么远送一本图录我却不见面，感觉有些失礼，于是我就告诉了她一家咖啡厅，与之约定一会儿在那里会面。等我开车赶往此处之时，又接到了该女士的电话，她说那家咖啡厅因为过年休息，已经关门了。这个情况我却没有想到，于是请她到旁边随便哪个商场休息一下，她却告诉我说这一带所有的商场、饭店都已关门，并告诉我她会先到地铁站里避风。

　　有些事情越是着急越会出情况，我在赶往这个咖啡厅的途中竟然遇到了堵车，等我来到咖啡厅附近时，已经晚了近 20 分钟，于是给此女士打电话告诉她我的车号，因为她不是当地人，为此寻找我的车又费了一番周折，等我们见面时，我看到她已经嘴唇冻得发紫。

　　因为我的失误，我们第一次见面就受了这么多的折磨，这让我大感歉意。而后带着她终于找到了一

家咖啡厅，我们赶到之时已是下午1点，咖啡厅称正准备停止营业放假了。好在跟这家咖啡厅混得还算脸熟，于是上前解释一番，终于得到了经理的同意，让我们坐下来在这里聊会儿天。

坐定之后，我首先向这位女士郑重地表达了自己的歉意。换过名片后，我方知她是台湾有名的藏书家文自秀女史，她并未在意我的这些失误，而后跟我讲起了她的有趣的藏书经历。我有一个顽固的观念——藏书圈是男人的世界，无论国内还是国外，仅我相识的书友，至少有几百位以上，虽然这其中也有女士，然能像文自秀这样凭一己之力，搞得如此轰轰烈烈者，却未曾有过，她对书本的酷爱不输任何男士。当然，我的这种比较没有歧视女性之意，我不过就是陈述一个客观事实。

文自秀告诉我，她所举办的这场拍卖乃是一种公益行为，因为在台湾有一个儿童暨家庭扶助基金会，此会乃是帮助一些台湾的困难家庭去实现儿童的一些愿望，而这场拍卖则是将所有款项捐给这个基金会。文自秀说，本图录中的拍品，一半来自茉莉二手书店，而另一半则是她个人的捐献。

爱书之人能够慷慨地捐出自己的藏品，以此来帮助困难儿童，这种爱心确实让我敬意大起，而更为奇特者是这本图录的制作方式，完全与惯常的套路不同：此为单面印刷，做成了线装式的筒子页，且书脊也是近些年流行的裸背装，仅这本图录的制作费用就是不小的一笔开支。而文自秀说，她为了能将事情办得圆满，所以在很多方面都不惜成本。她还说，本场拍卖之前已经邀请了大陆著名的西洋书收藏家王强先生前去讲座。可惜我个人的事情已经安排的很满，不能前去参加这场盛会，为此只能祝愿这样的拍卖会能够举办得成功。

《龙亭胜迹志》 张宏源 著

经过国家古籍保护中心王红蕾老师的介绍，我得以认识开封市图书馆的马惠萍女史。在马女史的安排下，我在开封的寻访变得异常顺利，而其中的一个寻访点即是北宋皇城遗址。经过历史的变迁，北宋皇城在地面上的建筑已经荡然无存，但因为黄河的泛滥，使得这些遗址埋在了城下，反而得以保留了下来。有意思的是，每次黄河泛滥之后，当地人都会在原址之上重新建起房屋，这份执着令人佩服。而这北宋皇城遗址之上，则成为了各代藩王府的所在地，于是就有了龙亭胜迹。

然而这样的城摞城的形式在理顺关系上颇费周折，于是开封馆的张家路老师就赠给了我这部书，而后他还告诉了我本书作者的实际情况。由此可知，该书中的所记尤其当代部分，均为作者父亲亲见者，这样的谈历史遗迹的文章，在使用起来最为便利。

翻看该书，此地千年来的变化尽收眼底，而由此也让人感慨：天下一切事情没有什么永远。当然，这句话有些绝对，比如说变化就是永远。那既然如此，为何还要"强要留住一抹红"？我也不知自己究竟是怎样的心态，但我不想探究下去，否则最终结果必然变为一切成空的虚无，我还是不要成为智者吧。

《朱兰文集》 朱炯 编

我跟朱炯先生不相识，而后收到了这部赠书，在该书的后折页上我看到了该书的介绍，原来朱炯先生出生于1970年，他是该书的作者——朱兰的七世孙，更为难得者，他竟然是朱舜水的族孙。我对这种名人之后，本能地有一种崇敬感，尤其这种整理祖上著作的后人，更让我感受到了文脉不绝。

遗憾的是我以往对朱兰未曾有过关注，而翻阅朱炯先生所赠该书，竟然看到朱兰有那么大的一座藏书楼，而这座藏书楼的外观又颇为奇特，从哪个角度看过去都不像是一处私人庭院内的建筑，可惜我未曾查到这座藏书楼今天所处的具体位置，并且我也没有朱炯先生的联系方式，若朱先生能够读到拙文，盼请在微信留言中能够告诉我如何能找到这座藏书楼。在此谨表我的谢意！

《溪上轶事》《溪上人物》 童银舫 主编

童先生主编的这两部书对我很有用，尤其《溪上人物》一书，该书中有不少的篇幅都是谈藏书家的事迹，我在其中看到了虞浩旭所撰《孙

镶与月山旧庐》，另外虞浩旭还有一篇《鸣鹤叶氏藏书楼》，这都是跟藏书史有关的难得史料。

一般而言，乡贤著作大多有回护之嫌，然而这却给我的藏书楼寻访提供了太多的便利：有些名头不大的藏书家，其相关事迹很难从其他文献中寻找得到，唯有乡贤著作才能挖掘出不为人知的历史故事，而这也正是我看中此类书的重要缘由。童银舫先生能够将这类的著作分门别类地收集在一起并予以出版，这种做法也是一种功德。

《问津书韵》 杜鱼 编

"杜鱼"乃是王振良先生的笔名。我跟王先生初识于来新夏先生的 80 寿辰会上，仅凭他的笔名就可知他的爱书之情是何等的深厚。因为臭味相投的原因，这些年来跟他有着较多的交往，其实这种交往主要是单方面的，基本上是我向他求教天津一些藏书家遗迹的旧址以及相关的文献资料，而王先生均能给予我很好的帮助。他对天津乡贤文献的研究之深，从他所编的一系列著作就能知道，尤其"问津"系列已经出到了几十本，这样的书给相应的使用者提供了很多原始史料。

此次天津寻访得到了王振良兄的大力帮助，余外他还赠送了我几种书，《问津书韵》为其中之一。两年前，王振良在天津承办了第十三届全国读书年会，在该会结束后不久，我到天津图书馆办事，李国庆老师约来了王振良，晚上一起吃饭时，他讲到了办年会的甘苦。这样的读书年会我仅参加过一次，大概是十年前，那届年会在北京的朝阳文化馆举办，而后这种年会每次换一个地方，因人事蹉跎，我再没有时间参加这样的聚会。而王振良却能在举办之后又编出这样一本大书，其做事之有始有终，令我钦佩。

《书香天津文丛》四种　刘玉红　刘凤山　主编

　　这四册袖珍本也是王振良先生所赠者。当时我仅注意到最上面一本的书名——《寄往童年的风筝》，我本能地以为，王兄让我读这样的书是希望我能变得天真烂漫起来，回来后翻阅方知其中的一册《七十二沽书脉长》，乃是其赠书的目的所在。这本书中所谈的内容有不少都是跟天津的藏书家有关，比如里面有一篇章用秀的《傅增湘蓄书双鉴楼》一文。

　　在天津寻访时，王振良就跟我说到了傅增湘。他原本认为傅增湘的主要藏书地点是在北京，后来他查了许多天津文献才发现，傅增湘有很长一段时间住在天津，而其藏书处也在天津。他的所言我以往未曾留意到，我也本能地认为傅增湘的藏书地点就是在北京的石老娘胡同，巧合的是，回来后又读到了章用秀的这篇文章，由此让我了解到了傅增湘还有这样一段藏书历史。

《方寸芸香》 李云飞 编

该书为王振良主编的"随艺生活丛刊"第一种。王兄所编之书已经有了多个系列，而今他又开辟了"随艺生活"，此前我却未听闻过，然而对于藏书票这件事，已然是我多年的纠结点之一。按照传统的观念，中国人的收藏印迹乃是藏书章，

而西方才是藏书票，可是现在市面上通行的书 99% 以上均为西装书，如果要做到原汁原味的话，这种西装书钤盖中国的藏印，显然匹配度不高，而贴上一张精美的藏书票，无论从心理还是形式上，都会感觉到更顺眼。

不知从何时开始，藏书票已经跟书脱离，成为了一种独特的收藏门类，很多书票从制作出来就从未见贴到书上使用，而书票的原作因为被视为了版画艺术品，故其价格一路高涨，如果将价格高昂的藏书票贴在

一般的书上，其价格远超书本，这种本末倒置使得书票更无人实际使用。

我原本也想做几款藏书票，但出于这样那样的原因，未能实际操作起来，这其中的一个重要原因，就是现有的藏书票制作大多偏重于粗犷风格，但我觉得藏书票既然是西方艺术，还是制作得精细一些更贴近经典。我所认识的收藏藏书票的大家，非吴兴文先生莫属，我在他那里看到了太多西方制作的经典藏书票，而那种藏书票在制作上的精细，有的甚至超过了一些纸币，这也使得我认定只有如此细腻的藏书票方为正宗。

我的这种偏见显然没有得到制作者的响应，那就只能等待机缘了。好在跟藏书票有关的书出版了不少，我从那上面也可聊慰自己的饕餮之情，而王振良先生的所赠又给我增加了一些新的视野。

《过云楼家书》《过云楼日记》 ［清］顾文彬　著

这两部书均为何文斌先生所赐。何先生在书中附有一页漂亮的手札，其在大札中说这两部书乃是苏州档案馆沈先生主持完成者，且该书也是沈先生命其转赐给我者。我收到书后，请何先生转达了我对沈先生的感谢之情。

我跟过云楼之间的缘份已经聊过了太多回，对我而言，过五关斩六

将和走麦城各占一部分，但说来说去，自己都觉得无聊了。即便如此，我在两个月前再到苏州时，又前往过云楼隔壁的怡园转了一大圈，我在那里不是游山玩水，更多者是想体验顾文彬这样的收藏大家是怎样看待人世间的山山水水的。以我的谬见，园林既然是他所重建者，那这里必然会曲折地表达出园林主人的审美情趣。

而这次的苏州之行，我幸运地见到了过云楼后人顾笃璜老先生，顾老乃是昆曲大家，我对昆曲较为外行，更感兴趣的是听他给我讲述当年跟藏书有关的故事。按照一般的说法，傅增湘在翻看过云楼藏书之后，是凭着记忆写出了一部《过云楼书目》。我向顾笃璜求证此事，老先生一口否定了这个业界流传已久的传说，他说："怎么可能将几千部书的目录回忆得一字不差？"

而顾家本身就有一部藏书目录，顾笃璜曾拿这部目录对比傅增湘刊发出的书目，发现两者的顺序都完全相同，由此而断定，傅增湘的那个目录就是从顾家自己的目录抄来者。除此之外，顾笃璜还给我以多个解惑，多年的疑惑瞬间消散，这其中的快乐非业界人难以理解得了。而今我又得到了沈先生赠送的这两部书，尤其那部日记对我更有用，我可借此找出更多的历史线索，可以运用推理小说的方式去印证历史上口口相传的太多故事。

《让钞稿本说话》 陈琦 著

大概半年前，武汉的陈琦先生给我来电话，说他突发异想，要写一本专门谈钞稿本的书。而他说干就干，竟然放下手中所有活儿，全副精力地写出了这部书稿。他告诉我说，以往关于书跋和书话类的书都已经形成了固定的模式，他想打破这种模式，创造出一种新的书跋方式。

陈琦先生一向敢想敢为，他有着不苟同于人的性格，这一点我深为了解，故而他能写出这样的书，我一点儿都不觉得奇怪，于是我祝贺他有着如此的成功之作，并说期待早日读到他的这部大作，以便让自己僵化的思维得以像融化坚冰般的茅塞顿开。陈琦说他即刻就把电子稿发给我，但读完之后要给该书写一篇序言。陈琦是个直率的人，他说完这几句话，立即又追加了一句："请你写序不是我的主意，而是出版方告诉我找韦力写序，这个书就变得好卖。"

我还有这个效应，不知应该高兴还是悲哀。其实我也一直徘徊在是畅销还是专业之间，而最终的自我折衷方案，则是希望徘徊其间、左右

采之。虽然说自古中间派没有好下场，但我还是想在这险境之中踩出一条新的路径，成功与否，下定论尚早，而陈琦的这种写作方式不也正跟我的心思有着异曲同工之处吗？想到这一层，我立即答应下了这件事。

接下来的拜读果真让我有了别样的感受。以我的看法，陈琦是想将史料的搜集及其得书的经过，以及自己的感悟，以调鸡尾酒的方式将这些不同的意向有机地结合在一起，这种写法让我想到了几十年前颇为流行的"老、中、青三结合"。武功秘笈上有一句俗语——"一寸短一寸险"，以我的理解，陈琦就是想用这种特殊的写法达到险中求胜的最终结果。

当然，这只是我的理解，而我的序言也就是根据自己的理解拉杂写出者。将此序发给陈琦之时，他很客气地夸赞了几句，我不清楚他的所言是否由衷，但不管怎样，哪怕算是佛头着粪也好，总之，这篇序就定格在了他的大作之前。而今得到了这部素静的样书，我再翻看自己的序言，真感到了一种完全的陌生，真想说：这是什么人，竟然说了这样一堆拉杂的话放在了这本专著之前。

《版本目录学研究》（第七辑） 北京大学国学研究院　主办

去年中期，我在复旦大学看到沈乃文先生时，向他请教他所主编的《版本目录学研究》学刊是否要继续办下去，他爽快地告诉我：那是当然。其实我的潜台词是：沈先生您已经调到了复旦大学古籍保护研究院，而该刊乃是在北京大学时的成果。这种思维方式正可看出我是何等的僵化——刊物是人办的，只要愿意，走到哪里，不也一样都能进行下去吗？

一番说笑之后，沈先生问我是否有稿件可刊发在该刊之上。他的这句话当然是我求之不得者，《版本目录学研究》一刊已然成为了本专业最重要的学刊之一，拙作能够在上面发表，当然是一种幸事，但是这本刊物我一路读下来，能够感受到其有着浓重的学刊味道，上面所刊之文都是符合学术规范者。

上次沈先生刊发拙文时，我就有过这样的顾虑，我跟他说自己总别着一股劲儿，不想把文章写得那样规规矩矩符合学术规范。其实这不过是我的托辞，因为我写不出那样的规范文章来，但沈先生却十分爽快地鼓励我，他说文无定法，没人规定文章必须怎样写。于是我就将拙稿呈上，由此而刊发了该刊之上。

我的这篇拙文谈的是大藏书家李盛铎的两册书目稿本，在该刊上发表此文，当然有我的小心思。因为北大图书馆所藏善本的主体，就是由李盛铎的旧藏所构成，而我在北大善本库内看到过多部李盛铎藏书目录稿本，但我手中的这两册却未曾在这里见到，故而将此文发在北大所办的学刊之上，当然是为了让相应的学者能够得知：在北大所藏之外，还有另外的目录在。所以，这篇小文也算是给相关的研究者提供一些新的资讯吧。

《天一阁文丛》（第14辑）　天一阁博物馆　编

中国古代的藏书楼留存至今者，以天一阁最为古老；以名气论，天一阁同样是这方面的巨擘。然而有意思的是，保存至今的天一阁不叫图书馆而叫博物馆，这两字之差却有了不同的归属。但也正因如此，天一阁在办馆经费方面较为宽裕，而后就创刊了在业界很有影响的《天一阁文丛》。

我从该刊的创刊号开始就忝列此刊的编委，虽然说我还担任着其他几个刊物的重要编委，但相比较而言，我最看重者有两个，一是故宫博物院所办的《紫禁城》，二者就是这《天一阁文丛》，因为这两者都与藏书有着密切的关系，这也正是我钟情这两刊的原因。

大概从两年前开始，此刊的实际编辑者由周慧惠老师转为了袁逸先生。袁先生乃是浙江省图书馆的资深专家，虽属专业人员，然他的文风却旁逸斜出、汪洋恣肆，由他来主政《天一阁文丛》，料其文风也会随着他的口味为之一变。然而当我读到他所编的该刊之时，却没有我预想到的变化，看来人的性格都有多面。

本期的《后记》乃是出自周慧惠之手，她在该《后记》中的第一句话就是："自本期始，《文丛》又从袁逸先生那儿回到我这里来了。"而接下来，周老师又做了这样一段有趣的比喻："说实在的，《文丛》换成男编辑后，不管是栏目，还是《后记》，皆汪洋恣肆，精神全出，充盈着一股勃发的阳刚之气，文字背后是奔涌自由的灵魂，书香剑气两相宜。而现在呢，红袖添墨，暖玉生香，望诸位师长同好不要嫌弃我的脂粉味啊。"

真的有这么大的差异吗？粗鲁如我者，确实没能体会到，但周慧惠却在《后记》的第三段中，使劲儿地表扬了我，那我就把她的这番话视为对我的鼓励和鞭策吧。

《天一阁藏四明丛书珍稀文献图录》　天一阁博物馆　编

该图录乃是周慧惠老师随着《天一阁文丛》一并寄给我者，我发微信向她表示了谢意，然周老师却称不要谢她，而应当感谢李开升老师，因为该刊乃是李老师让她转寄给我者。

我印象中跟李开升曾经见过面。大概是 2008 年，国家古籍保护中心举办了首届高级目录版本学培训班，我在那里讲了一课，当时听课者我记得就有李开升，可惜我记人的水平太差，虽然这么多年跟李先生多有交往，但我却忘记向他证实是否是在那个会上与之相识者。

对于宁波的藏书事迹，李先生很是熟悉，这么多年来，我向他多有讨教，他也知道我对藏书之事沉湎于斯，故而就有了此书之赠。这本书我颇为喜爱，这源于我对《四明丛书》的编辑者张寿镛先生的崇敬之情，他原本是光华大学的创办者，并担任该校校长达 20 年之久，然而他却抽出时间编出了这一千多卷的《四明丛书》。如此大部头之书，没有一定的定力，很难将其完成。

翻看这部图录，我在里面看到了张寿镛位于杭州的藏书楼照片。几年之前，我也曾到此地一访，而今看到了他人所拍照片，果真所选角度比我的好许多。更为难得者是，这本图录内还附有带箱的《四明丛书》，而里面竟然是红印本，见此照片，又勾起了我的伤心回忆。

大概十几年前，博古斋三楼的店堂里摆放着一部《四明丛书》的蓝印本，其同样也是带箱者。那个时段的红、蓝印本价格飞涨，这样一大部蓝印本当然价格不菲，然而《四明丛书》在市面所见者大多是零种，成套且完整无缺者颇难见，几经权衡，我还是决定将其买下。

而那时古籍方面的负责人为赵亮先生，我跟赵先生也算熟人，但他身上总有股子一心为公的认真劲儿，果真谈到这部书时，他查了下底单，而后告诉我，此书仅是展品，不出售。这个结果令我很无奈，这些年过去了，不知那一大套蓝印本的《四明丛书》到了哪里，而今看到这本图录又勾起了我对那套丛书的思念之情。

继续翻看这本图录，在里面竟然看到了该丛书的写样，原来真正的底本是在天一阁。以我的看法，写样的价值远在蓝印本之上。想到这里，我对那一大套原本唾手可得的蓝印本变得没那么钟情了，我的见异思迁由此可见一斑。

《高莽书影录》 张期鹏 编著

该书乃是济南自牧先生所赠，自牧在此书的扉页上给我题了几个字。将他人的书题字其上而后赠人，至少在今日，这种做法不多见。一

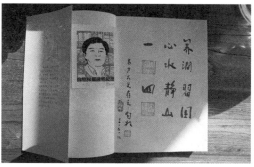

般而言，非自己的作品转赠他人，均为个人藏书一时用不到而朋友又急需者，然自牧兄所赠此书却不同，因为我并不知道作者张期鹏是什么人，他为什么要写这样一部书，而这也正是自牧不拘一格之处。

看来，自牧兄料到我会有此一问。他竟然在书的包装封面上写到"作者张期鹏为山东省地税局总经济师"，将这样的文字写在信封的封面，难道他不担心邮局的工作人员会将该书投往此处，因为自牧还在这段话的后面直接把张期鹏的手机号码写了出来。

十几年前我到济南访藏书楼时见到了自牧，某年我在济南开会时，我们又再次相见。虽然仅两面之缘，自牧却一直寄给我其所编的《日记杂志》，这样的杂志乃是他自费出版，并且一出就是十几年。当然，我所说的十几年乃是我从得到该杂志的时段算起。他总计编了多少年我并不清楚，但是这份执着却让我佩服——少有人能靠个人能力来坚持办一份完全赔钱的杂志。然而他为什么将张期鹏的著作赠送给我，我却没有在信中找到说明文字，那我就此视为朋友的美意吧——自牧想以此来拓展我的视野。

《寒云藏书题跋辑释》 李红英 著

该书乃是中华书局的李世文先生所寄。我收到这上下两卷的大书后，立即短信李兄向其表谢意，并夸赞该书无论内容还是编排都很精湛，而李兄回短信却称，该书非其所

赠，乃是此书的编辑李静特意让他寄给我者，并说让我多批评。

袁寒云的题跋我哪里敢提出批评，因为这"上第二子"太有才气了，我对这样的才子一向有着崇敬之情，好在他题跋之书寒斋也有收藏，更为难得的是我还藏有袁寒云的一些手稿，其中有一件乃是他翻译泰戈尔的一篇文章。有趣的是，袁寒云在这篇翻译稿的卷尾还有几行题字，其称自己好不容易翻译成此文，还未等发表却得知别人已经在他之前翻译了出来，于是他只好将自己的这篇翻译稿废弃。看来，才气逼人的袁寒云也有其谦虚之处——他认为对方的翻译比自己的更好，否则他肯定会将自己的发表出来。也正因这份谦虚，才让我得到了这份未刊稿。

翻看李红英的这部大作，里面果真没有收录我的那些手稿，这让我有了些许的小得意：等此稿再次出版时，我可以提供相应的资料了。但在翻看该书时，我在里面看到了袁寒云旧藏的元刻本《晦庵先生朱文公文集》，该书所附书影上的钤章我看着颇为熟悉，由此可知，这部书出自罗振常的蟫隐庐。

而罗振常另有宋刻本的该书，此书正在寒斋，看来他当年既有《晦庵先生朱文公文集》的宋刻本，同时也有元刻本。而后他将元刻本卖给了袁寒云，而那宋刻本却辗转到了寒斋。仅从该书而言，我小胜寒云公子一筹，这让我有了第二个沾沾自喜。想到这一层，真感谢李静老师的所赠。

丁酉年木版套印版画

春节过后，我收到了复旦大学古籍保护研究院倪建明老师的信函，他在里面夹着一张这样的小版画。因为这张版画之上题写着我的贱名，所以我不知这算不算是一张通用藏书票。按照我所了解的规范，藏书票上需要注明编号以及材质的代号，这两者在该版画上均无，故而我只能将此视为一种别样的贺年卡。

早在十九年前，我就听闻过倪建明先生的大名，因为他搞过几场个人的藏书票展，但那些展览大多在南方举办，我未曾赶上机会前往观览。山不转水转，在复旦大学古籍保护研究院成立的日子里，我在那个会上见到了倪先生。当时我以为他也是来参加纪念会者，而后方得知他已在该院任教职。就这个角度而言，我跟倪先生又成了半个"同事"。在此后的交往中，我得以从他那里学得了许多新的版画知识，由此纠正了一些我对这个行业的误解和偏见。

《一日一读》

这册别致的笔记本乃是山东
人民出版社社长胡长青先生所赠。
近两年，出版社制作笔记本颇为
风行，在我的印象中，这类物品
本属于文具店的出售之物，而今
却变成了书，这也算是一种跨界

行为吧。然而山东人民社所出的这个笔记本我却颇为喜爱，翻看内页，
可以看到其乃是笔记本与日历的结合体，这倒也是一种创新。

而这本结合体里面又印刷了一些有名的诗词。翻看这些诗词，我第
一眼就看到了宋辛弃疾所填的那首《摸鱼儿》，而这也正是我所喜爱的
一首，尤其是最后几句："闲愁最苦，休去倚危栏，斜阳正在，烟柳断肠
处。"这几句话所勾勒出的画面，十分传神地描绘出了我某个时段特殊的
心境。

半年前，我在京见到了山东画报出版社副社长徐峙立老师，当时一
同相见者还有止庵先生。徐老师称，等一会儿山东人民出版社社长胡长
青也会前来。我跟胡社长完全不熟，他为什么也会前来见面？显然止庵
先生从我脸上读出了问号，他向我解释到：胡社长乃是徐峙立老师的先
生。竟然是这样一层关系，这让我觉得有趣。

我早已耳闻山东人民出版社是该省最大的出版社，山东画报社则是外界认为当地最有名的出版社，而这两家社竟然都掌控在他们夫妇手里，这让我忍不住八卦：同行是冤家，他们同处一地，当然有着一定的竞争关系，那回家之后怎样摆平这之间的竞争呢？因为是初次见面，我没好意思说出这种调笑之话。

见到胡社长时，他果真兼有山东人的豪爽与文化人的儒雅，再加上他那种特有的敬业精神，这三者混合在一起，构成了其独有的风度与气质。他直率地告诉了我该社今后两年几个重大出版项目，而我感兴趣者之一则是这里正在编辑《黄裳全集》。这个消息当然会令爱书人听来高兴，但也由此让我敬佩胡社长视野之宽广。

杂志一批

这些年来，其实我每月都能收到数量不小的刊物。这些刊物有公办者，也有民办者，同样有偏爱者，也有觉得对我无用者。虽然如此，我对这些办刊者都有着感激之情，因为我也办过刊物，我能体味到其中的甘苦。原本我应该在每月的《师友赠书录》中感谢这些朋友的馈赠，可是刊物属于连续性的，无论是刊物还是赠刊之人都没有太多的变化，所以我若对赠刊者一一鸣谢，除了感谢的话之外，我说不出太多的言语，因此我也就没有这样做，故而在此希望能够得到赠刊者的谅解！

将来是否应当专写一篇《师友赠刊录》，对此我还没有想到写作的视角，但总之，虽然我未一一鸣谢，但我却始终惦念着朋友的美意。

《书之美》 韦力 庆山 著

这本拙作据说在台湾的销售情况还不错，大陆有不少朋友问我如何能买到此书，我对这一类的渠道完全外行，确实说不出个所以然来，而对于好友的索书，也只能一一表示歉意！

前一段有位朋友给我发短信，问我有没有台湾版的《书之美》，我的第一反应就是他在向我索要该书，于是我立即把自己原有的那个说辞重复一遍，告诉他自己仅有两本样书，确实无法给其呈上。这位朋友之后就没有信息，我本能地感到：为这本小书，又引起了一位朋友的不快。可是几天之后，我却收到了他寄来的一个包裹，打开一看，里面是三册《书之美》，我马上用短信问他：这是何意？

他说听闻我没有该书，所以特地买来三本，其中两册归我，而另一册命我签名后寄还。这个结果我未曾预料到，看来他上次的短信让我太神经过敏了，这让我想到了鲁迅在《一件小事》一文中说的那段话：

我这时突然感到一种异样的感觉，觉得他满身灰尘的后影，刹时高大了，而且愈走愈大，须仰视才见。而且他对于我，渐渐的又几乎变成一种威压，甚而至于要榨出皮袍下面藏着的"小"来。

于是我给这位朋友发短信，告诉他自己不能接受他的这个馈赠，准备将这三本书全部签名后一并寄回。但他坚决不答应，说他得到一本就足够，而另外两本他也不知应该送给什么人，所以他还是让我留下，将此转送给其他的朋友。他的这份情意让我一时想不出更恰当的词来形容，于是我给他发了一句用烂了的官话——"高风亮节"，而他用了一个笑脸予以回应。

《琼琚集》 韦力 著

几天前，海豚出版社的朱立利老师给我来电话，他告诉我说，《琼琚集》已经运到了社里，请我前去签名。但我没想到的是，该社将拙作制作成了红绿两种封面。其中红色封面制作了一千册，以此专供布衣书局销售；而绿色封面则制作了九千余册。同时该书封面的设计者杨小洲先生还一并制作了一本图案与书完全一样的笔记本，只是其封面为蓝色。

就封面的设计风格而言，这是我所出过之书中的别格，因为其有着明显的西洋风味，这对我而言也是一种别样的体验。而红色和绿色封

面之书，又分为毛边与光边本，每本数量各是多少我未曾细问，但我却用四个多小时签出了1600多本，这可以说是我单本书签字数量之最。

当然，能够有这样的工作业绩，是因为得到了海豚社十几位工作人员的帮助。大家有人拆箱，有人翻页，有人钤章，还有人包装。朱立利将这些工作人员分成了几组，众人有条不紊地形成了流畅的流水线，这样的工作场景颇令人兴奋。

然回来后细想，一本书就签出了1600册，这么下去，显然我的签名有了臭了街的节奏，我对签名这件事其实很纠结：如果不签，则有拂读者的喜爱之意，但签多了则又会让读者没什么可珍惜之处，这种感觉跟挤公共汽车颇为相像——没有挤上车的人企盼着车门千万不要关上，而当其挤上车的那一瞬间则又盼望着车门立即关闭，而我作为这辆公共汽车的驾驶员，应该怎样决定在某个时段关上车门，才能让大家都满意呢？这是个不小的难题，我不知道有没有机会把这个难题抛给巴菲特。

2017 年

3 月

宣晔法书

我与宣晔先生的相识，也是缘于黄丕烈。那次在苏州住到了平江华府，在房间内看到桌子上摆放的"百宋一廛赋"插屏，由此而留意到此赋的书写者名为"宣晔"。第二天一早，我去参观复建的黄丕烈故居，在其侧墙上又看到了这篇赋的放大本。仔细端详这篇很长的书法作品，其从头到尾，一笔不懈，看来这位宣晔对书法颇有功力。

巧合的是，马骥先生到酒店来带我去寻访，与之同来者是一位年轻人，马兄介绍称："这就是宣晔先生。"而此时，我等一行人正站在白墙上的"百宋一廛赋"前方，我顺手指着墨迹说："这是你写的？"年轻人腼腆地点点头说："正是这样，请您多批评。"我原本以为书写者乃是一位老先生，而我面前站着的这位年轻人，我估计他应当未逾而立之年，如此年轻又能有这样的成就在，真的令我有了"老矣真堪愧，回首望云中"之叹。

接下来的半天寻访中，我跟宣晔先生聊到了不少的话题，他对苏州一地历史文化的了解也与他的年龄颇不相衬，看来也是一位佞古之人。有这样的年轻人在，真让自己从心底有着欣喜之感。而后不久，我又得到了他寄来的这三张法书，虽然其字风与其所书"百宋一廛赋"颇不相类，然而却令我得到了意外的欣慰。

曾经纬法书

近日整理书房，偶然翻到了压在书堆下面的一个信封，里面有曾经纬先生的墨笔手札一通，看日期已经是两月之前所收到者，然该信封上没有对方

的地址，看来邮寄的外封套已被丢弃，故无法回信，只好于此向曾先生表达我迟复的歉意。

从字迹上看，曾先生的书法风格有着吴湖帆的影子。而今能用毛笔一笔一划地写信者，可谓难得。虽然说时至今日，书法家可谓遍地开花，然以我的拙眼来看，很多人学习书法带有太多的功利目的，而写信则不同，它只是表明了爱书者之间的交往，能将这样的手札写得一笔不苟，这也是一种端庄的态度。而今人与人之间的沟通因为科技的发达，变得十分的便捷，少有人会提起笔来一笔一划地给他人写信，如此地平心静气，至少我还没有修炼到这样的火候。

唐吟方法书

我与吟方老师相知多年，然却仅见过一面。大约是几年前，清华大学组织了一个会议，上海的朋友来此参会，约我到那里见面，而正是在此，我见到了唐先生。其实早在此之前的十几年，我就知道他的大名，因为他一直在主编《收藏家》，这个刊物在业界颇有影响力。再后来，我在一些报刊和杂志上时常读到吟方老师的诗文，尤其他所写的《雀巢语屑》。他的这组文章，每一篇仅寥寥数语，然却能画龙点睛地讲述到古代艺术史上的一位人物，由此而让我知道他对于传统艺术的关注。

大概在十几年以前，《收藏家》连载了《萧山朱氏六唐人斋藏书目录》，因为我的藏书中也有几部朱文钧的旧藏，故而我很想知道自己的所得是否刊载于该《目录》之中。因为《收藏家》我是陆续所买者，故有几期未曾购得，而后我给朱传荣老师去电话，问其手中是否有这份《目录》。朱老师告诉我，该《目录》经过整理，已经交给了故宫出版社准备出版，过几个月就能面世。

可是我的耐性却让自己等不下去，于是向唐吟方先生索要该目，而正是因为这个契机，我跟唐先生的交往渐渐多了起来，由此而知道他不但喜欢绘画，同时在书法上也有自己的面目。今年春节前，唐先生给我寄来了这副对联，因为出门

多日，回来后积压了太多的邮件，近日在做整理时，竟然发现这副对联被压在了书堆之下，而后上墙拍照，以此来与众师友们共赏。

唐张继诗拓片

此拓片乃百合女史所赠。最近苏州一程的寻访，其中目的地之一就是想到寒山寺一看，当然，前往此处的目的就是因为张继的这首"月落乌啼霜满天"。我原本想将张继写入《觅诗记》中，然而与之相关的历史遗迹，无论他的旧居、祠堂还是墓庐，我一概查不到。虽然他写的这首诗称得上是千古绝唱，但细想之下，总觉得到寒山寺来寻访张继的遗迹，多少有些牵强，再加上此次的苏州之行，时间有些仓促，故最终未能前往此寺一看。

可能是为了舒缓我的缺憾，百合女史即以此拓片相赠，而该拓片上的钤章也说明了这张拓片并非寻常所见的翻刻本。能得到这样一张拓片，当然令我很高兴，故在此表达我对百合女史的谢意。

陈乐道法书

陈先生乃是甘肃省档案馆研究员、当地的文史专家，并且也是兰州

有名的藏书家。经王家安先生介绍，我与陈先生相识，由此了解到他对印谱的收藏颇为在行，而对于敦煌藏经洞的流失也做过专题研究，与这样的行家聊天，当然很是惬意。而后他以法书相赠，由此也让我看到了兰州书友的好客与热情。

顾村言法书

　　顾先生的才气令我颇为欣赏，他主持着《东方早报·艺术周刊》，我在该刊上拜读过他所写的寻访之文，无论其所拍照片还是其资料之详实，都远在我的寻访之文之上。而其书法之大气淋漓，却又与其为人之儒雅形成了较大的反差。

龙门寺诗碑

　　今年春节期间，邯郸学院的贾建钢教授来京，他给我做了一天的采访，在这期间，贾兄赠送了我该张拓片。从捶拓手法上看，这当然不是业界高手所为，然其难得者在于该拓片乃是由贾兄亲手所制作。贾兄

说，龙门寺处在山西的平顺县，他于偶然间发现了此碑，于是他就用自己所带略微简陋的工具将其拓了下来。

细看这张拓片，其题款儿为"题龙门山寺"，落款儿则是"崇宁二年秋九月中澣，县令苏门孙渤"，后面还有一行"院主僧昊立石"。原来这是北宋刻石，乃是当地县令孙渤给龙门寺写的四首诗，而该寺的方丈将这四首诗刻在了石头上。九百余年后，贾建钢找到此石并将其拓了下来，而后又将其赠送于我，这样的因缘倒也颇有诗意。

可是，贾兄为什么要跑到河北与山西的交界处来制作这么一张拓片呢？一般而言，碑帖收藏讲究的是汉魏碑，唐碑的重视程度就已很低，更不要说这宋碑了，于是向贾兄请教：他何以前去拓该碑？贾兄告诉我，孙渤的诗在以往仅有一首传世，该首诗记载于《山西通志》，于是北大所编的《全宋诗》也就收录了这一首，而他所见到的这方刻石上却有孙渤的四首诗，其中一首与《全宋诗》所收相同，余外三首却从未见有文献记载者，而这也正是该拓片的价值所在。

能将前人失传的作品重新发掘出来，这当然称得上是做功德事，由此也可知贾兄做事之细心。料想，今后《全宋诗》修订之时，定然会将他的这个发现补录其中，故而贾建钢可称得上是孙渤的后世知音。然而我在端详这张极具文献价值的拓片时，却又发现了新的疑问：此拓片的下方刻有"龙门寺惠日院"的字样，而这个字样的上方则有两条贯通的横线，且这六个字书写了两遍，此两遍又是对写者。

贾兄问我这种刊刻方法是何意，以我的经验，这应当是"套帖"的刻法，因为其装订为经折装时，定然有一正一反的情况。如此推论起来，当年该院主持僧昊所刻者并非这一方，应该还有其他的刻石在。而贾兄说，他在那里仅看到了这一方。如果能找到其他的刻石，说不定还有一些已经失传的宋诗与宋文得以面世。其实细想，贾兄能够发现三首失传之诗，已经是十分难得，而我却得寸进尺地希望得到更多，想一想这又是自己的贪欲使然，不知应不应当戒之慎之。

《第五批国家珍贵古籍名录图录》 中国国家图书馆 编

本批图录总计六册，其体量比前几批略小，因我参加了本批的评选，故得到这样一套样书，而我也被列入了该书的编委。

从历届的评选情况来看，越到后期就变得越发艰难，除了一些大馆之外，其余大多数公共图书馆所藏的珍贵善本都已申报，而从数量巨大的古籍海洋中，

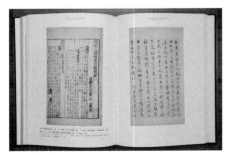

再一次披沙拣金确实不是件容易事。除了申报之外，本批的评选专家还分组到各地去核实一些有疑问的申报之书，而我跟沈乃文先生分为一组。在赵文友先生的带领下，我们分别到湖南省图书馆以及桂林市图书馆去核实古籍，这样的核实过程果然能发现更多新的问题。

总体而言，珍贵古籍名录的评选确实是件好事，因为它使更多的典籍引起了方方面面的重视，如果能有更多的单位被列入这样的评选，将使业界对中国古籍的总家底得到更清晰的认识，真盼望着这样的评选活动能够多办几届，而我也能借此大饱眼福，看到更多的未曾寓目之书。

《吴湖帆的手与眼》 上海博物馆 编

这是上海博物馆所编之书，这部书收录了多位相关专家对大画家吴湖帆的研究，而其中第一篇即为白谦慎先生所撰《甲午战争后的吴大澂——兼论吴氏收藏的递传问题》。白先生在该文中引用了大量不为人熟知的手札来谈论吴大澂的收藏情况，而吴大澂正是吴湖帆的祖父。

关于吴大澂，后世的评价大概分为两种观

点。一是从政绩着眼，认为他在这方面无所作为，同时把他这方面的失误归咎于他的收藏爱好，正是因为收藏而贻误战机，导致朝鲜战争失败；二者在收藏界对他的看法则完全相反，吴大澂独特的收藏眼光，尤其他在印学、金石学等方面的贡献尤为后世所称道，而他的书法也受到了后世广泛的追捧。

白谦慎先生这篇论文中的配图，就有我所藏的那副著名对联，我记得当时向他展示原作时，白先生高兴地称，他在此前只看到过这副对联的照片，而今终于目睹了原迹。这也算是我对白先生的专题研究所做出的些许贡献吧。

上图所编该书中另有上图梁颖先生所撰《词人吴湖帆》一文，可惜我在写《觅词记》时未能将吴湖帆列入。而承载先生所撰《宝箧梵音，千年重光——吴湖帆与雷峰塔所藏〈宝箧印经〉的因缘》，这是我所感兴趣的内容，因为雷峰塔经流传的真迹很少，大多为民国翻刻之本，而吴湖帆的鉴定眼光当然别样，拜读该文能够让我了解到吴湖帆对于此经的看待，尤其该文中有带孔雷峰塔砖的照片。在此前，我曾看到俞平伯所藏的雷峰塔砖，我感觉到该砖在形制上与俞平伯所藏有异。即此可知，当年雷峰塔砖并非一种制式。

《文溯四库》 郭向东 易雪梅 岳欣 编著

文溯阁所藏的那部《四库全书》，虽然保护得十分完好，但若以经历来看，该套书最为命途多舛，其在建国前就几经周折，建国之后依然辗转多地，最终保留在了甘肃省图书馆。尽管此书在归属权方面引起过争议，但为了一部书而让两省的相关部门努力地予以争取，这正说明了传统典籍愈发地引起了社会的广泛关注。如果这样的大书像烫手山芋一样，没人愿意接手，那才是真正的悲哀。

《四库全书》分藏南北七阁，我一一访得了其藏书楼及其旧址，然而甘肃省图书馆又在兰州建起了一座新的文溯阁，这当然也成为了我的寻访之处，我姑且将其称之为"《四库全书》第八阁"。然而该部《四库全书》并未存放在兰州省馆的善本库房，而是单独在一座山顶之上建起了独立的藏书楼，也正因如此，该楼并不对外开放，于是我通过国家古籍保护中心的朋友，找到了甘肃省图书馆馆长郭向东先生。经过郭先生的安排，我得以参观该阁以及目睹了这部名气极大的书。

为了能够了解到该书递传中的来龙去脉，我得到了这部赠书，回来后研究一番，果真得到了更多的详实史料，也更进一步地了解到了该书在递传过程中为人所不知的许多细节。

《瑰意琦行》 汪贤林　主编

复旦大学古籍保护研究院在开化县举行了杨玉良院士工作站开站仪式，同时在那里还举办了开化纸研讨会，杨光辉先生邀我前往参加此会。而开化县高铁还未修通，乘飞机也只能飞到衢州或者黄山，无论怎样走，都要有一些周折，于是我决定沿途做一些寻访。

我首先来到了南京，之后是常州、无锡，而后乘高铁到达衢州。江西上饶市的潘旭辉先生听闻到我的行程，他建议我到衢州后去参观一下王汉龙所办的古旧书店——青简社，于是我在雨中来到了这家书店，在那里对王汉龙进行了采访，由此我听到了一个颇为励志的故事。当天晚上，王汉龙带我来到了一处明代的藏书楼故居，这里曾经是王阳明的弟子王玑的旧居，而今的居住者乃是当地著名画家方樟连先生。方先生为人儒雅有节，初次见面就以家宴相待，同时我还得到了这部赠书。

杜瑰生乃是方樟连先生的先人，方先生编纂此书，以我的理解，更多者他是不忘先人。而能将许多的史料及其作品汇为一书，可见其在此方面下了不小的工夫。巧合的是，杜瑰生先生号韦堪，其中的一个字跟我有了联系，这也让我顿生亲切之感。

《百年萃英门》

该书乃是甘肃省楹联专家王家安先生所赠。本次的兰州之行得到了王家安先生的大力协助，然而兰州的历史遗迹大多没有了痕迹，我原本以为兰州地处西北，当年对文化的破坏应当不会那么严重，事实彻底打破了我的想当然。在当地的寻访过程中，有太多的重要遗迹变得完全没有了痕迹，面对此况也只能相互地长吁短叹一番。为了让我得到更多的史料，王先生以此书相赠，而该书中有一些历史插图能够展示出曾经的辉煌。我想，这也正是王先生赠此书给我的用意吧。

《无尽心》 冷冰川 著

有些事情真的难以解释得清楚，也正因如此，人们往往把一些巧合目之为冥冥中的安排。3月1日，我的微信公众号中，按照惯例刊发出了上个月的《师友赠书录》，而其中就有冷冰川先生的一部获奖大作，巧合的是就是刊发出的当日，我就再一次见到了冷冰川，而同时我还见到

了该书的装帧设计者周晨先生。一本书汇聚了
两位大家，而两人又在我提到他们的当天能够
与之见面，真不知应当如何来解读这种巧合。

　　而更为巧合的是，周晨先生跟我笑着说他
刚刚看到朋友转发给他的微信，而微信的内容
正是我所发的这篇《师友赠书录》，于是我等三
人站在那里感慨着这种巧合。而林妮娜女史则在旁边笑着说，正是她的
安排才有了这样的因缘际会。而我却反驳她说："你怎么知道我今天会刊
出这两位大家合作的作品？"妮娜说，这一点她的确未曾想到。

　　翻看该书，里面依然是冷冰川最为擅长的墨刻，而与其上一部书有
区别之处，乃是本书的前部分收录了冷冰川所写之文，这些文被称之为
"手记"，翻阅这些文字让我对他有了进一步的了解。而书后半部分所附
的墨刻，依然是冷先生固有的奇特风格，聊天中让我得知他制作这样的
墨刻作品是何等不易，看来任何事要想做出成就都不会是轻而易举。

《白先勇细说红楼梦》　白先勇　著

　　该书为曹凌志先生所赐。曹先生在微信中跟我说："此书直赞程乙本
《红楼梦》。有感于您是程乙本、程甲本的收藏者，超出同侪，特递上这
套新书，请闲时一览，并请指教！"我真应该感谢曹先生的美意，然而
我却仅藏有程甲本，程乙本虽然也曾在拍场上见到过一回，可惜阴错阳
差，最终该本未能到手，但这并不影响我对《红楼梦》一书的喜爱。

　　几年之前，我得到了跟《红楼梦》有关的重要史料，由此让我对该书的版本有了一探究竟的兴趣，可是深挖下去却得到了意想不到的结果：我发现关于《红楼梦》一书的作者，其实并非如一些专家所说的那样。于是，雷天先生在给我做采访时，我谈出了自己的观点。这篇一万多字的采访之文引起了《中华读书报》某位记者的关注，他将该文压缩到了八千多字，而后以专版的形式刊发了出来。

　　该文刊出之后，引起了红学界的关注，为此有的专家撰文驳斥我的观点，同样也发在了《中华读书报》上，而报社记者希望我能予以回击。我觉得自己的观点以及研究成果已经说得很明了，至于别人有不同的看法，我当然予以尊重，却不想为此再费更多的口舌。而曹凌志先生所赠该书则让我再次对《红楼梦》有了进一步了解的兴趣，我想看看白先勇先生是如何解读这篇名著者。

《甘肃近代工业珍档录》　张蕊兰　主编

　　此次的兰州之行，其中重要的寻访目标乃是甘肃官书局，而该局的遗址处在兰州市第二人民医院后院内，王家安先生约到了多位朋友一路陪我寻访，而后我们一同来到了此院，在此院见到了贾守雄先生。贾先生为兰州医学院药理学教授，同时他还是甘肃举院博物馆馆长。将自然

科学与社会科学集于一身，且在两方面均有成就，这样的人正是我所敬佩者。

贾先生带着我等一路参观一路讲解，让我了解到了许多的细节。参观完毕之后，他带我等来到了他的办公室，在这里他以该书相赠，因为此书内收录有跟甘肃官书局有关的重要史料。能够让我看到遗迹，还能够得到相关的文献，这应当就是古人所言的"扶上马，送一程"。

《云南藏书文化研究》 王水乔 著

关于云南的寻访，因为各种原因，我的几次筹划均未能成行。今年2月底，国家古籍保护中心召开了一个重要会议，此会的主题内容是关于典藏古籍的影像发布。一般而言，每个图书馆所藏善本均为该馆的镇库之物，轻易不肯示人，而今由国家图书馆带头，同时另有四家重要的图书馆参与，这五家馆共同将一些善本放在网络

上，让读者免费使用，这是一种观念的大突破。以我的看法，这也算是中国典籍史上的一个里程碑，而我却有幸参加了这个研讨会。更为幸运者，是我在此会上得以结识云南省图书馆馆长王水乔先生。

这次研讨会所发的资料中列有云南省图书馆所藏的特殊善本，尤让我感兴趣者则是该馆所藏的北元刻本。关于北元的历史，我仅知道一些梗概，而其所刻之书我却从未寓目，这更加勾起了我的好奇心，于是在散会之后，我立即找到王先生，向他提出我想到该馆去看一看这些难得一见的善本。王先生爽快地答应了我的请求。而我得寸进尺地又拿出了自己的云南寻访名单，他认真看后一一告诉我，哪些仍然存在，哪些已经荡然无存。

王先生能对这些历史遗迹如此熟悉，这让我暗暗感到吃惊。而当我到云南再次与他见面时，我得到了他的这部赠书。看到该书也令我原本的吃惊得到了解释：原来他是这方面的研究专家。而该书内所列出的史料，有许多也是我未曾查得者。对古籍如此熟悉的领导，想来该馆所藏之书当然不差，而我也确实在这里看到了太多难得一见的善本。

《我与甘肃省图书馆》 甘肃省图书馆 编

此次前往甘肃省图书馆参观，我得到了郭向东先生的妥善安排，但不巧的是，在我到达兰州的当天，郭先生却同样离开兰州来到了北京，他在短信中告诉我：国家古籍保护中心要召开一次重要的会议，所以无

法等候我在兰州会面，但他事先已经做了安排，请我到馆里去找省古籍保护中心的宋焱主任。

更为不巧的是，我来到甘肃省图书馆恰逢星期一，国内许多公馆都是这一天不对外开放，故而我到该馆未曾进入古籍库。宋先生带着我参观了省古籍保护中心的修复室，同时在这里还见到了该馆副馆长陈军先生。在陈先生的安排下，我得以看到了文溯阁《四库全书》。而当我提起需要相关的文献资料时，宋先生赠给了我这部书，因为该书内提到了文溯阁《四库全书》的具体搬运过程。这些鲜活的史料当然对我很有用处。

《中国印刷史研究》　辛德勇　著

受北大中文系教授陈平原先生之邀，我于3月17日在北大文研院静园二院二楼会议室举办一场讲座。文研院的韩笑先生告诉我，这场讲座邀请了著名学者辛德勇先生来给我做主持。我跟辛先生相识多年，他在目录版本学方面的眼光令我十分佩服，能由他来给我做主持，当然令我倍感荣幸。

然而在开讲前的两天，韩笑先生在微信中告诉我，辛老师因为身体原因，不能再做主持，但他会来参加我讲座的研讨会。于我而言，这

当然是个遗憾，但我却完全能够理解，因为在前一段我已听说辛先生身体有恙而住院，而我忙着在外地寻访，还未来得及看他，他已出院，而今他能够来参加我的研讨会，这当然让我很高兴。对于讲座的主持，韩笑称已经改为了陈平原教授。

按照主办方的要求，讲座两小时，而后是半个小时的讨论。我本以为讲座完毕之后，辛先生才会来，然未曾想，在开讲之前，他已来到了现场。而在讲座之后，辛先生对我的所讲予以了概括总结，他对我的褒奖之语，我当然知道这是一种鼓励。而后他赠送给了我这本大作。

大约十年前，我曾主编《藏书家》，当时就阅过辛德勇先生的稿件，他的很多观点能够突破业界的定论，而这也正是他的独特视角所在。而今翻看这部专著，依然能够看到他不蹈前人的观念与结论，读这样的文章，用时下的话来说——确实令我脑洞大开。

《知味》　张逸良　主编

大概是去年，我收到了张逸良先生的短信，他说欲将我微信中的某篇文章转发在《北京晚报》上，问我是否可以。我当然说没有问题。过了几个月，我就收到了他主编的该书。

翻阅这部书方得知，张先生
乃是《北京晚报》副刊编辑部的
工作人员，而该书也正是 2016 年
度《北京晚报》副刊所发文章的
精选，我所写的《寻访方苞》一
文，标题被其改为"去安徽，寻

访桐城派"，而我的原文也予以了修改，这让我颇为感谢张逸良先生的用
心。张先生所寄样书乃是毛边本，且书前贴有通用藏书票一枚，只是这
枚书票没有签名，也不知该毛边本的制作数量。

《衢州孔氏南宗家庙志》

这次的衢州之行
赶上了连阴雨，好在我
的衢州寻访仅有两处地
址，一是王汉龙的旧书
店，二者当然就是衢州
孔庙。巧合的是，王汉
龙的青简社与孔庙一墙

之隔，我冒着雨来到青简社门口时，正赶上王汉龙准备出门接我。既然
来到了雨中，而此时又是下午，我担心孔庙就此关门，于是提出请他先
带我到孔庙内参观，而后再坐到他的店中聊天，于是我二人冒着中雨穿

行在孔庙的历史之中。

在参观的过程中，王汉龙向我讲解着孔庙的历史，可以看出他对此不单是寄托了感情，更重要的是，他还系统地研究了孔氏家族南迁的历史以及其背后的重要原因。为了能让我得到更多的史料，他以此书为赠，这让我在写南孔庙一文时，有了详实可靠的资料。

《舞文詅痴》 黄恽 著

我跟黄恽先生的交往有十几年之久，但至今却未曾谋面，我是如何与他取得联系者，已完全不能忆起，只是记得他供职于《苏州文学》杂志社。有几年，他陆续地赠给我跟当地文史有关的刊物，可惜后来因为我的搬迁而再未收到他的馈赠。近些年，我在各种资讯看到他出了不少的专著，而黄恽的文章一向以严谨著称，引用他书中之文能够让我放心，故他的著作我陆续买得多本。

原本想给他发短信祝其新作面世，可是担心这有索书之嫌，由此而作罢。前一度，何文斌先生在微信中称：我写到的李根源一文中，未提到李险些被刺杀之事，而对于这段历史，黄恽曾在书中提到。于是何先生赠

此书给我，而该书中正有《刺杀李根源》一文。

《梅事儿》 潘文龙 周晨 编

　　3 月 1 日跟周晨先生见面时，他赠给了我这册雅致的书。周晨先生是著名的书籍装帧设计家，而该书中处处透显出他的设计理念，虽然有些设计方式在制作上会比较麻烦，然他却不惜工本地予以制作，比如该书的用纸就有三种颜色，并且书内还有梅花形的开窗，里面还有拉页式的折叠书法作品。

　　尤其书名的双关令人读来为之莞尔：正是因为没事儿，才能有心去品梅与赏梅，而这也就成了跟梅有关的事儿。更为巧合的是，《梅事儿》这部书的内文也设计成了天头窄地角宽的形式，而这种形式恰恰是西洋书的装帧方式，我的《琼琚集》乃是由杨小洲先生所设计者，他也同样采取了这种方式，颇有异曲同工之妙。

王家安手雕葫芦

在见面之前，我仅知道王家安是甘肃楹联
高手，他是甘肃省楹联学会的副会长兼秘书长。
以我的想象，有如此传统功底之人，当然也会有
着一把年纪，然而我们初次见面时，我却看到了
一位 30 岁上下的年轻人。如此的年轻，又有如
此的成就，这当然令我叹服。

而见面之时，他除了赠书之外，同时又给
了我这样一个宝葫芦，他说这个葫芦乃是其亲手
所刻制者。王家安在这个葫芦上雕刻出了文溯阁
《四库全书》的外形，因为他知道我此次来到兰
州，其中重要的一个目的就是要参观文溯阁。而
更为难得的是，他从我的书上找到了一方芷兰斋的印章，而后他将该章
刻在了葫芦之上。这份情意令我十分的感动，同时我也佩服这位年轻人
是如此的多才多艺。

张大愚所刻芷兰斋印章

在兰州期间，王家安介绍多位朋友与我相识，其中之一乃是兰州著
名篆刻家张大愚先生。晚上就餐时，大愚先生赠给我此方印章。对于初
次见面之人能有这样的情意，我也只能用感动来表达自己的心情。

《*杜甫年谱*》 刘文典 著

　　计思诚老师带我穿行在昆明的老街老巷之内，我们参观完云南大学内的考房走出校门之时，我无意间看到马路对面有一处旧居。计老师说，此处旧居也是云大所使用者，而她的同学李炎先生现在此办公，我若有兴趣，可以进内一看。以我的性格，凡古皆好，当然想进内一看究竟。

　　进内故居之内，见到了李炎先生，经计老师介绍，得知李炎乃是云南大学文化发展研究院院长、云大国家文化产业研究中心主任。我们来

到旧居时正是中午，李炎先生起身让我二人品尝名贵的古树茶，计老师大赞此茶是何等之好，可惜我的味蕾档次太低，虽然也跟着言不由衷地附和，其实我完全未能品出此茶的

绝妙之处。虽然如此,这完全不影响我对这处完好故居的兴趣。

李炎介绍说,此处是著名学者刘文典研究杜甫的地方,而《杜甫年谱》就是写自该楼。这句话让我大感兴趣,毕竟跟刘文典有关的历史故事太多了,我却无意间闯到了他的住所,于是我马上让李先生带我去看刘文典当年的房屋,而就在此房内我得到了这册赠书,我觉得能得到这样一部书,也称得上是意义非凡。

2017年

4月

《书海行舟》 顾志兴 著

大概在二十年前，我跟天津的陈景林先生第一次出外寻访藏书楼，记得那趟寻访就是从浙江开始的，而当时跟藏书楼有关的资料特别少，我有不少的信息都是从顾先生的一本大作中得来者，从那时起，我就本能地把顾先生视之为自己的良师。后来过了一些年，我也回忆不起是靠哪位朋友的关系得以跟顾先生重新交往，而后我得到了他所赠多部大作。可不知是什么原因，直到今天我都未曾见过顾先生。

按理说，我到杭州去过无数回，但不知什么原因却始终未能与老先生谋面，我把这个结果归之于宿命，但是我从顾先生的书中却学到了太多的知识。而今得到了他的这本随笔集，该书的内容依然全部是书书书，而这种题材也正是我二十余年来的最爱。

拜读顾先生的这本新作，不但让我增长了新的知识，同时也得到了一些资讯，比如词学大家夏承焘曾经给他讲过宋词，这份运气是我辈所缺乏者，而顾先生的恩师胡道静，也同

样是我十分敬重的一位前辈，那一代的风流于我而言，除了艳羡，似乎也没什么可说的了。

《海源阁善本叙录》 丁延峰 著

关于海源阁，已然成为书界里难出新意的话题，因为它太有名了，晚清四大藏书楼唯有海源阁处在北方，而它后来的遭遇也应当是四大藏书楼中最为曲折的一个。虽然说后世的学者大多对杨氏后人有贬斥之意，这样的贬斥当然是以客观冷静的态度来说话，但我却觉得历史太过复杂。古代的大家之后少有不顾家族名声者，岂能做出不为常人所理解的举措？这其中也一定有外人所不能体谅的苦衷。

对于海源阁藏书的研究，我在此前读过多本专著，而丁延峰先生的这部大作则是系统地研讨海源阁所藏善本的价值所在，这对爱书人而言，算是一部很实用的著作。而书前所配的一些彩色书影，则更能勾起爱书人的饕餮之情。我将其翻阅一过，这些书影的原本已然分别藏在了各大公馆之内，没有一部在自己手里，这份失落只有癖于斯者方能理解。

《海源阁藏书研究》 丁延峰 著

近些年，我已读到丁先生的多部目录版本学专著，而他的这部大作也更加让我佩服，他能够将有关海源阁的事情分门别类地予以研究，这种深耕细作正显示了其严谨学者的风范。丁先生对海源阁的偏爱，以我的理解，他也有乡贤情结在，因为丁先生就是山东聊城人，而今他又在聊城大学文学院任职。我的这种解读不无偏见，但是表彰前贤似乎也是传统文人大多的做法。

丁延峰先生的下一个研究目标，乃是系统地整理现存于世的宋版书，从这个角度来说，不知算不算是一种扩大视野。宋版书虽然是藏书人的最爱，但在这个世界究竟有多少宋本书存在，大家都是一种笼统的说法，我的印象中，一般人都会说"现有宋版书一千余种"，但丁先生却告诉我，他已经著录了三千三百多种。这个数字吓我一跳。看来，有些事情仅靠想当然，确实不可靠。期待着丁先生能够将存世的宋版书一网打尽地予以著录，这将让爱书人面对宋版书时，真的能够做到成竹在胸。

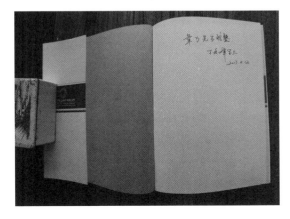

《知寒轩谭荟》 郭则沄 主编

此书为北京出版社杨良志老师所赠。
杨老师对北京史志有着特殊的偏好，近十
几年来他主持出版了不少这方面的前人著
作，而对于郭则沄的这部书我充满了兴趣。
一者郭则沄的手稿我藏有多部；二者也有
一个情结在，那就是前几年海王村拍卖行
又上拍了郭则沄的一部稿本，这部稿本于
我而言有着特殊的价值在，阴错阳差的原

因，我却忘了将其拍下。这件事已经过去了几年，但每当我想起之时，
还是有着无尽的后悔之情，而今看到杨老师所赠该书，顿时又勾起了我
的心病。

当然，这只是句玩笑，因为我还是对这部书充满了兴趣。该书内之
所谈，有不少都关涉藏书界的故事，比如该书内收录了傅增湘所撰《徐
健庵之编书与恶迹》，这段记载当然是从人品着眼者，但我对这件事还是
想和稀泥，毕竟当年的明珠乃是两大权臣之一。徐乾学若想有所作为，
如果不去投靠明珠，那也只能转投索额图，其结果还不是一样？所以，
一个人的政治立场如何，确实有特别复杂的原因。

而我所看中的地方，则是他帮着明珠之子纳兰性德编的那套《通志
堂经解》。这部书对中国经学的研究起到了很大的作用，虽然这仅是部康

熙刻本，到如今全套者却十分稀见，所以每当我搜集该书零种十分费力的时候，我都会想起这位真正的编纂人——徐乾学。

除此之外，该书内还谈到了许多其他跟书有关的史料，比如《水东日记》的版本问题、《澄心堂帖》的版本问题等等，这都是我所关心的内容，而杨老师赠我这部书，恐怕他也认为我会喜欢这样的内容吧。

《第一批浙江省珍贵古籍名录图录》
《第二批浙江省珍贵古籍名录图录》 浙江省古籍保护中心 编

这两本图录均为浙江图书馆馆长徐晓军先生所赠。近些年，国家古籍保护中心一直在组织相关的专家评选国家珍贵古籍名录，这样的工作已经完成了五批。

从各地公共图书馆的收藏情况来看，除了一些大馆之外，绝大多数图书馆所藏古籍，少有能够达到国家级善本的藏品，但并不等于说达不到国家级善本，这些书就变得没有了价值，这就有如今日之高考：名次不能成为全国第一，那成为全省的文理科状元，也依然光荣无比。可能是出于这种想法，所以近几年有些省市图书馆也开始进行本省市级的珍贵古籍名录评选，而我所得到的这两册评选名录，就是浙江省在这方面所取得的阶段性成果。

翻看这两册图录，其实有些书的价值以我的眼光来看，放在全国的范围内，水平也差不到哪里去。比如黄以周的稿本《五礼异义》，这当然是一部难得之书，而在这两册图录中收录有不少这一类的名家稿本。

当然，这里面所收之书也有着我的偏爱，例如汪启淑的《古铜印丛》，这部印谱虽然谈不上稀见，然而我所见到者却有多个版本在，以至于让我怀疑该印谱的其中一个版本，其书内的字体乃是木活字，而西泠印社所藏的该书，其中有一部就有活字本的特征。看来，有机会我要到该社目验此书，以此来印证我的这个判断。

《雷峰塔经》本就是出土于杭州，浙江省图书馆藏有该经二十余卷，我曾将其一一翻看一过，已然发现其中的不少问题，而本图录则以原尺寸用拉页的形式展现了此经，这给鉴定带来了许多的便利，这更让我觉得这部经的一些定论未必能够涵盖一切，还有不少的细节值得再做推敲。

《稼轩词》 ［宋］辛弃疾 著

此书为江西含珠实业集团董事长鄢中华先生所赠。含珠实业处在江西上饶，潘旭辉先生带着我等一行四人前去参观该厂，因为本厂复制出了铅山在历史上著名的手工纸——连四纸。因为去的时间不凑巧，正赶上该厂的休息日，但鄢中华先生却赠

送给了我一些纸样以及用连四纸所印的两部书，而《稼轩词》就为其中一部。

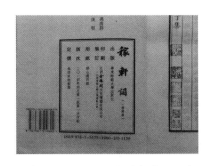

细翻该书，给我印象最深者乃是这种连四纸的手感之佳，其既有着绵软的特性，同时还能体味到它的挺括。在厂中，我也了解到生产这种纸的工艺十分复杂，要想原汁原味儿地恢复古代名品，的的确确不是件容易的事情，而鄢总却没有故作豪情般的悲壮，他在面对一切困难时，依然能够谈笑风生地做下去，这种积极的人生态度给了我很深的感受。而他影印出版的这部书，其在版权页上却有着"用纸"一栏，这是近几十年影印出版线装书中极少见到的举措。

前些年，我有着搜集古代印刷用纸而后制作古纸谱的愿望，但是各种文献中记载的古纸纸名与我所见到的古纸纸样，却无法一一地对应起来，产生这个结果的原因，就是因为古书中少有注明该书所用的纸张名称。真希望今后各地再著录古籍时，能够将用纸一项作为版权页的必填内容，这会给后世研究印刷用纸带来很大的便利。

《观堂遗墨》

这部书也是鄢中华先生所赠。虽然该书也是影印本，但于我而言，这是部实用之书，因为里面收录者全是国学大师王国维的手迹。观堂先

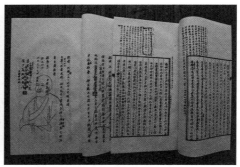

生乃是一代伟大的学人，他在学术史上的崇高地位毋庸置疑，可能是出于信息的传导，近十几年以来，凡是观堂墨迹，一律都能拍得高价。学术价值能跟市场价值得到完美的统一，至少我认为这是个好事情。

但也正因如此，市面上所出现的王国维墨迹变得真伪杂陈，在利益的驱动下，市面上出现的王国维墨迹也有了不少的伪品在。一位纯学人的墨迹出现了大量的伪造者，从另一个侧面，恰好印证了社会对他的广泛重视。但毕竟爱好他墨迹的收藏者，人人都想买到真迹，而如何鉴定真迹，这显然不是三言两语就能说清楚者，而今含珠实业的这部影印本，恰好成为了鉴定王国维墨迹真伪的标本，因为此书中所收录者是观堂在不同时期的书写，虽然这些字迹有着些许变化，但总体来说，却能看出观堂写字的本质特色。

《上饶市文献学会成立纪念》

这次的上饶之行，我采访了潘旭辉先生，由此让我了解到他对上饶文献不仅仅是做系统地收集，而他更大的贡献则是组织了这样一个文献学会。这个学会有一百余人，他们虽然都收藏上饶文献，然而他们却分别有着不同的侧重点，这样的分工使得彼此之间不会形成恶性竞争，既能将当地文献做出系统地梳理，还能术业有专攻地将每一个专题进行深层的探讨，而作为会长的潘旭辉，当然功不可没。

到如今，有情怀的人似乎都不敢说出自己心中的真实，似乎崇高情怀已然成为了别人嘲讽的笑料，而潘先生依然保持着这样的纯真，这也正是我的感动之处。我还是坚定地认为：活在这个世上，就要有一种信念在。

《饮水园》 薛冰 著

薛冰老师的才艺我一向佩服，我跟他的相识当然是因为藏书，他的所藏既有传统的线装书，也有民国旧平装，还有当代的不同版本，我把他的这种藏法称之为"跨界"，也许"跨界"正是薛老师的藏书理念吧，其实这个理念应当往大里看，因为他的写作也同样有着"跨界"的表现。

他写过多部研究藏书的专著，这些专著有专门探讨古书版本者，同样，也有研究当代文献者。薛老师是南京人，他当然也会致力于收藏这方面的文献，为此他还写出了几部相关的著述，而我印象最深者，则是他所写的南京史。如果这样的研究还不算"跨界"的话，那薛老师还喜欢写小说，这总跟研究版本形成了很大的反差吧。就我的感觉，搞版本是做研究，而写小说则是搞创作，所以我觉得写小说更不容易，薛老师能将这两种思维融为一体，至少我觉得自己做不到。而他的这部《饮水园》则又是一部小说，然而这是部毛边本，我没忍将它撕开来细细拜读，回头买一册切边本来，让我也深入地探究一番：搞版本目录的人，如何能够形成小说思维？

《耕读》 东莞市农业局 编

前不久，我得到了沈胜衣所赠的这两份刊物，该刊的特别之处乃是其内在之设计：里面有些图案已经做了剪裁，将其撕下来就成为了一枚枚精美的书签。可惜这两册杂志的用纸太厚，我无法将其展平来拍

照。本刊的刊名为《耕读》，以我的想象，沈先生起此名必有其深意在。希望下次再到东莞时能够与其见面，以便向他请教：为什么要办这本诗情画意的刊物？

《毛春翔文集》 毛春翔　著

　　此书三大本，也同样是浙江省图书馆馆长徐晓军先生所赠。对于毛春翔，我印象最深的一部著作，则是《古书版本常谈》。三十年前，跟版本有关的研究著作，尤其是入门性的通俗之作特别地稀见，那时学版本鉴定十分困难，就我的个人情况而言，我至少走了十年的弯路，才渐渐懂得了版本的门径，而这其中的启蒙读物之一，就是《古书版本常谈》。

　　不知什么原因，这部实用之作在六十年代出版之后，一直未曾再版，各地古籍书店的资料室内虽然都有该书，然而这本书却一律不外借，以至于这本不厚的小册子成为了一些爱书人的枕中秘，后来我花了很高的价钱买到了一册，为此就牢牢地记住了"毛春翔"这个名字。

　　这部三卷本的《毛春翔文集》乃是影印本，该书不但收录了《古书版本常谈》，另外还有毛的其他相关著作，这让我全面了解这位前辈有了很多的便利，但是书中所附的照片，却跟我以往对他的想象有着较大的差异。把未曾见到过的人在心中勾勒出一种形象，这也算是境由心造吧。

而所附照片中，有一帧是毛春翔跟他的同事站在贵阳地母洞前所摄，而照片的背景则是《文澜阁四库全书》。从太平天国开始，这部大书就历受劫难。到了抗战时期，毛春翔等人历尽千辛万苦，将这部书转移多地。徐馆长告诉我，而今的地母洞已经成为了贵阳的一处人文遗迹点。看来，我下次到贵阳时，一定要去参观此洞，除了瞻仰当年的《四库全书》存放处，另外也是想以此来纪念这位版本目录界的先贤。

而对于毛春翔的生平，著名目录版本学家李致忠先生给该影印本写了序言。仔细阅读李先生的此序，让我对毛春翔又多了一些新的认识。

《张宗祥先生纪念画册》 浙江图书馆 编

这部书是为了纪念张宗祥先生逝世五十周年所编。张宗祥曾任浙江图书馆馆长，我曾去寻访过他的故居，他对书史也曾做出很多贡献，然而他更受后世津津乐道者，则是他的批书速度。据说张宗祥乃是近代学人中批书量最大的一位，他能够做到这一点，除了他的勤奋，也有其特殊的才能：张宗祥能够一边跟客人聊天，一边手不停地批书。看来，他有着常人所不具备的分心术。可是从该书内所附的图片看，他也曾是一位风流倜傥的英武少年。

这些照片中有他跟鲁迅等人的合影，同时也有他的"青年照"以及他与妻女的合影。然而我无意中对照这两张照片，却发现其乃是由一张照片裁剪而成者：该书的第六页，有张宗祥跟妻女在北京时的合影，而他的女儿明明扒着他的左臂，可是图册中的另一张张宗祥照片，却没有了他女儿的那只小手，那里变成了墙砖。看来，这张照片做过后期的加工。

《婺源风俗通观》《婺源虹关》 毕新丁 著

此次的婺源寻访，乃是由南方的毛静先生所安排。我们首先在婺源城内见到了毕新丁，毛静介绍说：毕先生被圈儿内人称为"毕姥爷"，他乃是当地有名的文史专家。而我的寻访目的地，显然毛静已经提前报告给了毕姥爷，于是他赠送给了我这两部大作，以便让我能够从史料上，对当地的人文有个整体把握，

这一天的寻访，基本都是由毕新丁来做向导，他每到一地、每见一物，都能讲出其背后的历史故事，他的这种讲述方式被毛静戏称为"三天三夜"，因为知识丰富的人大都被时人评价为"三天三夜也讲不完"。但是毕新丁的讲述倒并非是喋喋

不休，他能要言不烦地解释出历史遗迹的相互关联以及无法形成文本的八卦历史。

《国楮》 孙红旗 著

此为开化县所举办的杨玉良院士开站仪式所发纪念物之一。这部长篇小说竟然是以开化纸为主题，而在此前我读过励双杰先生所著《阳谋》，那也是一部小说，而其内容则谈的是收藏界。而今在开化县大力地宣传下，开化纸更加受到了世人的关注，他们在开会时竟然能发这样一本小说，如此贴题的做法颇为少见。

在到达开化县的当晚，杨子文先生请几位朋友聚会，他说请来了该书的作者孙红旗。可惜那晚我忙着写东西，没能与孙先生谋面，这真是一个遗憾，希望下次到开化时能够见到孙先生，当面向他请教：何以能将这样窄的话题，写成这等厚厚的一本长篇小说？

《无锡文博论丛》（第1辑）

此为蔡卫东先生所赠。此前蔡先生在无锡博物院举办了几次重要的活动，承其美意，他邀请我前去参加，可惜我忙于完成书稿，均未赶上这些盛会。此后，蔡先生又将这些活动的论文编辑出书，并且邀我也写一篇，我只好以一篇小文来应命。而收到他的样书后，才发觉自己的所谈与那些专家话题有些不搭界，这真让我有些惭愧。

近些年，各地的博物馆系统都在组织一些类似的研讨会，而我从这些专家们的论述中得到了许多的资讯，这让我也想调整一下自己的写作节奏，其实也应当多听听专家们的讲座，以此来让自己开阔思路，换一种方位来审视自己所钟爱的目录版本之学。

《书楼觅踪》 韦力 著

此为我所出第二部跟书楼有关的专著。十余年前，我曾在河北教育出版社出过一部《书楼寻踪》，那部书是我在此前五年的寻访成果；此后的寻访，我在专题方面做了细分，从大类上来说，分为"私家藏书楼"与"非私家藏书楼"两大类，而《书楼觅踪》则是属于前者。

其实对于私家藏书楼的寻访，我也并未全部收录进该集之内。三年前，这部书稿交给了一家出版社，而后因为其拖得太久，故我将书稿撤回，又将其给了绿茶先生，当时绿茶任中信出版社副总，后来因为人事变动，这部书稿的出版又被延期，而今终于以三卷本的面目呈现给了读者。

对于该书的出版，绿茶先生费了很多的心思，他为了能够让这些没

有相互关联性的书楼形成一个整体，请了自己的一个亲戚给每位楼主作了画像。这件事看起来容易，其实在操作过程中颇为费事，因为能够找到古人的画像也并非易事。在绘画的初期，首先要找到楼主的画像或照片，但并非每一位楼主都有这样的影像流传下来，为了能够忠实历史，绿茶费了很大工夫去寻访相应的图像。

　　该书在编辑过程中，肖雪和袁雨帆两位女史对书稿进行了仔细地梳理，校正了我在文字上的疏漏，使得本书减少了许多错误。为了能够增加本书的趣味性，这两位女史还特意设计了"通用藏书票"。此藏书票总计五款，且是随机地贴在不同的书内，不知这会不会增加该书的喜感。但对于她们所付出的这些心思，在此，我向她们表示自己诚挚的谢意！

《硃痕探骊》　韦力　著

　　此为本月出的第二部拙作，其内容所谈则是汪启淑所制作的《飞鸿堂印谱》。以一本印谱来写一本书，不知这算不算是我的一个小发明。然在所写的方式上，我倒觉得这部书也算是有着独特的视角。

　　以往所谈印谱之书，大多是古代名家的印蜕集，其着眼点乃是欣赏

216

古人的创作技巧，这应当是从艺术角度着眼者。对于印谱还有一种研究方式，则是探讨印学源流，比如浙派、西泠派、虞山派等等，而这种派别的划分也仍然是从艺术风格角度，我觉得"前人之述备矣"，已经容不得我在这方面置喙。

我有藏印谱之好，但我的着眼点更多是从历史文献角度，然而我还有一种偏好则是喜欢富含哲理的印文，那些印文表现了古人在某个时段的特殊心境，这种凝练的古句能引起我心里的共鸣，也由此而产生"心有戚戚焉"之感，为此我选择了《飞鸿堂印谱》中一些自己喜爱的章文。

我首先查出了这些章文的原始出处，而后来分析当年汪启淑请名家刻印时的心态，这种心态的把握当然很有主观臆断的色彩。因此，我的解读更多者应该是"以古人之酒，浇我胸中之块垒"，所以，读者大可将此书视之为我个人某个时段所发的一种牢骚。

2017年

5月

《中国古代图书史》 陈力 著

陈力先生现任国家图书馆常务副馆长，前些年他分管国图的古籍特藏部，因为这个原因，我时常跟他在一起开会，于是也就有了不少的交往。陈先生平易近人，跟他在一起聊天常常能听闻到一些有趣的过往。因为是以书相识，当然聊天的话题更多者离不开个"书"字。后来他分管的工作越来越多，而善本特藏部也转交给了其他的副馆长去主管，我跟陈先生的交往渐渐稀疏了起来，虽然在一些场合仍然看到他在那里安排各种事务，能明显地感觉到他工作上的忙碌，所以当我接到他的这部大作时，着实有些吃惊。

陈先生的这部书乃是中国古代图书通史，他从文字的起源讲起，而后由文字到图书，又接着延续到纸的发明和雕版印刷术的应用，翻看这样的工具书，我最感兴趣之处乃是其文中大量吸收了近些年的相关新发现。近两年，我对目录版本学上的一些定论，也开始以怀疑精神进行一些细致地推敲，虽然有些事情证明自己的假设并不能成立，但在这样的探讨过程中，会对以往的固有认识做一些修订。看来，以科技的新发现来佐证原有的业界认定，是一种较为科学的办法，虽然这种办法也并非颠扑不破。

虽然说陈先生的这部大作乃是一部工具书，而这类书大多用来作为撰文的引用和确认，但是我在翻看这部中国的图书通史时，却能感到如读小说般的引人入胜。看来，有机会时，一定要向陈先生当面请教：何以能够把这样严肃的学术专著，写成业界人喜欢读的枕边书。

《采铜于山》　［美］马泰来　著

此书是国家图书馆出版社的王燕来老师寄给我者，王老师称这是马泰来先生让他转呈之物。说来有意思，我跟马先生邮件交往有年，然却从未见过面，因为他身在美国，于我相隔较远，这使得我没机会向他当面请益。

我的印象中，跟马先生交往最有意思的一件事，则是加拿大某图书馆接收了一批图书捐赠，这些捐赠物全是中国的古书和碑帖。虽然是捐赠所得，但是该图书馆也要对这些物品做出价值上的估算，而后就找到了马先生。虽然马先生是中国图书史研究专家，但他对古书和碑帖市场却并不熟悉，尤其他并未参与过中国举办的古籍善本拍卖会，因此他通过复旦大学的吴格老师找到我，让我对他所提供的名单一一标出市场参考价。

虽然说这些事并不难，但是古书的价格是有很多因素综合而成者，当然首先是由版本的高低构成的，但即便如此，也并不是所有的后期版本都不如早期版本的坐标高，除此之外，古书的价格还跟册数、品相、批校、收藏者以及当今的市场热点都有关联，而马先生提供给我的信息，则仅是书名、作者和版本，而我也只能根据这有限的信息做出一个大概的估值。据说，我的估值后来起到了一定的作用，这也算是我给马先生的工作所提供的一个小小帮助。

马先生的这部大作是他对于历史典籍的各种研究成果的汇编，这样的书当然需要慢慢阅读、仔细领会，但我还是忍不住翻看了一些自己感兴趣的话题，比如文中提到了文震孟和冯梦龙之间的关系，而巧合的是，我在半年前刚去寻访了这两位前贤的遗迹。

关于《京本通俗小说》的真伪问题，也是业界争论已久的话题，有人认为这是缪荃孙伪造的一部书，但缪氏是如何造出该书者？我在以往却未曾读到过相关的研究文章，而马先生经过一系列的推测，认定此书是缪荃孙根据《警世通言》和《醒世恒言》两书中所讲的故事摘编而成，其在内容上只是改了一些字句。这样的研究最让人读来过瘾。

《藏书家陆心源》 徐桢基 著

前一段，浙江出版史专家顾志兴先生给我寄来了一本新作，顾先生在来信中提及徐桢基先生前些年写了一本《藏书家陆心源》，而徐先生将这本书拿出了一些放在了顾先生那里，徐桢基请顾先生将他的这部大作分发给对陆心源有兴趣的人，顾先生问我是否需要此书。那还用问？当

然想得到。

　　我对陆心源的心情比较复杂，以往我读到的书是对陆心源的儿子陆树藩一面倒的斥责，认为他见利忘义，把皕宋楼所藏之书卖给了日本人，而该楼乃是晚清四大藏书楼之一，其藏书质量之高令人瞩目。当时商务印书馆也想买下该批珍藏，因为开价太高，当时的商务馆买不起，而后张元济将这个消息报告给了清廷，希望由国家出钱将其买下，以此作为建立京师图书馆的基础，可惜张元济的呼吁没有受到重视，最终这批书成为了日本著名的汉学文库——静嘉堂的基础。

　　但是许多事情越了解真相就越发不能爱憎分明，十几年前我读到了一部名为《潜园遗事》的书，该书由上海三联书店出版于1996年，里面以详实的资料介绍了陆树藩卖书的原因，由此让我得知，这位遭人憎恨的陆树藩原来是为了救济难民做公益而欠下了大笔的债。原本这笔巨债并没有算在他的头上，可是很多人得到了慈善家的好名声之后，把后续的烂事都甩到了陆树藩的头上，在万般无奈之下，陆树藩只好卖出这批家藏来还债。

　　有人会说，即便如此，他可以将书卖到国内，而事实也正是这样：他联系了多人，希望国人能够买下，但所联系之人大多哭穷，狠杀他的价格，令其所得无法偿还所欠之债，在拖了很长一段时间后，陆树藩看到国人购买无望，才将书卖给了日本人。更何况那时的官府并没有规定文物不能出境，所以陆树藩即使将书卖给日本人也并不违反国家的相应规定，既然如此，这有什么可指责的呢？俗话说"站着说话不腰疼"，有些人自认为站在了道德的至高点，就随意地批评别人，这种做法可谓对这句俗语做出了最准确的诠释。

读《潜园遗事》让我了解到了这么多的内情，而这本《藏书家陆心源》会不会让我能得到更多的真相呢？收到顾志兴转赠之书，让我大感兴奋，原来此书的作者正是与《潜园遗事》为同一人。从该书的"后记"中得知，徐桢基先生就是根据《潜园遗事》进行了改写和补充，字数由原来的 12 万，增加到了现在的 26 万，其内容之详实可想而知。细读这本书，让我更加印证了——当社会上一面倒地批判某人时，真应当静下心来细想想：是这么回事吗？

《端午》 王稼句 编著

巧合的是，我写这篇师友赠书录的时间正是今年的端午，而我同时收到者不仅是王稼句先生的这部大作，另外还有一本苏州中锐华府酒店所作"苏州端午节笔记本"，与之同寄来者还有华府酒店自制的江南粽子。这些物品放在了一个手工竹篮内，看上去颇有走亲戚的感觉，这让我想起 20 年前满大街传唱的一首歌——《回娘家》，这首歌唱得特别形象——"身穿大红袄，头戴一枝花，胭脂和香粉她的脸上擦，左手一只

鸡，右手一只鸭，身上还背着一个胖娃娃"，当然，于今而言，送粽子或者捎带上鸡鸭都是受欢迎的绿色食品，但胖娃娃就算了，这可是男人们人人害怕的突发事件。

这一篮子端午礼品乃是苏州中锐华府酒店总经理沈春蕾女史所赠，沈总所赠的节日礼物果真脱俗，然而这样的脱俗却能接地气，因为里面既有江南的肉粽，能满足人们的口腹之欲，同时还附有一本相关的书。王稼句先生是著名的江南才子，他对苏州一地的历史文献堪称做到了深耕细作，而这部《端午》虽然讲的是全国范畴的概念，其主要着眼点其实还是在苏州一地。

吃着可口的粽子，翻看着稼句先生的专著，再将心得体会写在专用的笔记本上，其考虑之周详，真让我感慨沈总做事之用心。

《顾随和他的弟子》　赵林涛　著

该书乃是中华书局的李世文先生所赠，他觉得此书对我有用，而我翻看该书，果真看到了很多未曾了解到的事实。

顾随的旧藏我仅有四部，而其批校之本则仅存一部，虽然如此，我还是对这位大学问家充满了敬意。因为偶然的原因，我得到了跟《红楼梦》有关的一件重要物证——《姜香轩文稿》。为了搞懂这部书，我读了一系列相关的论述，读完之后，对我以往的疑问虽有所解惑，但由此而产生的新惑则倍于旧惑，真应了那句名言——说有易，说无难。

虽然能够发现很多问题，但想要解决问题或者排查问题，都不是一件容易的事。红学家周汝昌则是顾随先生的弟子，赵林涛的这部专著内，专有一节细谈了顾随与周汝昌之间的故事，而这其中当然有很多话题都涉及《红楼梦》。看来，得暇当细读此书，希望能从中发现我未曾了解到的细节。

《掌故》（第二集） 徐俊 主编

该书也是李世文先生所赠。《掌故》一书是由中华书局总经理徐俊先生亲任主编，而执行主编则是著名的琴史研究专家严晓星先生。我跟严先生至今未曾谋面，然而他所写之书我却读过多本，他的这份认真劲儿用在了编《掌故》方面，使得该书第一集甫一面世就大受欢迎，而后其再接再厉，出版了第二集，该集中的内容有不少是我感兴趣者，比如艾俊川先生所写的《小万柳堂纪事》。

因为吴芝瑛所刻之书我藏有多部，而其夫廉泉所出版的《扇面大观》，我也藏有 40 集全套。尤其廉泉与人合办的文明书局，该书局所出之书，我至少藏有几十种，也正因如此，我对他们夫妇二人的轶事颇感兴趣。然而与他们夫妇相关的传闻，我却看到过许多不同的说法，尤其吴芝瑛是否真的给秋瑾安葬之事，相关说法似有贬义。

去年，我在西湖边找到了他二人的居所——小万柳堂，但即便如此，我还是没搞清楚此事的真伪。艾俊川在此文中则称，在安葬秋瑾的整个过程，吴芝瑛均未出面，具体事务均是由廉泉操办。这个结论至少说明吴芝瑛确实安葬了秋瑾，虽然不是她亲手。

《掌故》第二集中，我感兴趣的还有励俊所撰《狄平子的鉴藏生涯》。我对狄平子感兴趣是缘于 20 年前嘉德上拍的一批唐人写经，这些经有多件乃是狄平子的旧藏，其中有一件上面有他的长跋，而该件也正是我欲得之物，然而在开拍之前，拍卖公司突然宣布这件佛经限定国有机构购买，为此失之交臂。

细读励俊此文，方得知这位狄平子原来收藏名气如此之大，其名声不在庞虚斋、叶恭绰、吴湖帆、张葱玉之下，然而前几位大收藏家今日之名声越来越大，唯有狄平子少有提及，这是什么原因呢？看来，励俊此文正是要解读这个疑惑。

柯愈春的《读书种子谢兴尧》一文也是我感兴趣的内容。十七八年前，中国书店卖出了一批谢兴尧旧藏，而我仅得到了其中的两件。对于谢的争论，我倒没有太多的兴趣，然对于他的"人弃我取"的藏书观念则最为欣赏，可惜这篇文章中未曾提及谢的收藏观。

除此之外，该书中还有多位师友的作品，比如有柳向春先生研究唐代《高逸图》的文章，而白谦慎先生谈的话题依然是傅山，唐吟方先生写的是艺林掌故的点点滴滴，这一切都给我增加了许多新知识，由此也可看出，严晓星先生对于文章内容的偏好。

《严修日记（1894—1898）》 陈鑫 整理

此书乃是《津沽笔记史料丛刊》主编王振良先生所赠。王先生虽然出版了多个书系，然这部《严修日记》却是我的偏爱，因为从中可以得到太多的一手史料。上

个月我刚到贵阳去寻访过贵州官书局遗址，而该书局正是严修任贵州学政期间所创办者，能够得到这部日记，使得我对该文的写作又增添了更多的信息。

翻看该日记，能够看到严修写日记的方式是有详有略，其大多的篇数乃是寥寥数语，唯有重要的事件他才详细地将其记录下来。这种记录的方式倒是便于翻看。而该书的整理者陈鑫先生，则在《导读》中专门谈及了"严修使黔"的背景与面对的问题，这篇《导读》写得颇为详实，使我了解到了一些未曾注意到的问题。

《中国出版家张元济》 卢仁龙 著

本月上旬，浙图的童圣江先生与何勤先生带我到海盐去寻找张元济的墓址，因为找对了人，这次的寻墓之旅颇为顺利，回来后准备撰写该文，而后查找相应的史料，无意间搜到了卢仁龙先生曾出版过这样一部书，于是立即给他去电，理直气壮地索要此书。几天之后，我收到了这部大作。

虽然该书中未曾载有我想看到的张元济墓的事情，但我却从中读到了许多有用的资讯，而有些史料是我在以往未曾关注过的。

我认识卢先生之初，他就在制作工程浩大的《文津阁四库全书》，当时我在国图善本部看到许多位工作人员在用一种特殊的翻拍架正在给该书拍照，再后来，我到扬州寻访扬州诗局时，在那处旧址内看到了摆放的这部大书，其气势之宏大足以令人震撼，由此也让我得知，卢先生真可谓有志者事竟成，他终于把这部书制作了出来。

两个月前，卢先生又给我来电，他说这部《四库全书》会在故宫内的文渊阁陈列，他邀请我去参加这个盛典，可惜阴错阳差的原因，我未能恭逢盛事，而我对他的韧性则越发地佩服，他在百忙之中还能写出这样的专著，可见这位卢先生确实是精力过人。

铁琴铜剑楼抄书纸

说来惭愧，这叠铁琴铜剑楼的专用抄书纸乃是常熟市图书馆馆长李烨先生在去年赠送给我的，回来之后因为忙于杂事，这叠纸就不知道压在了哪里，前一度在家整理书房，竟然从杂物堆中翻捡了出来，而此时距李馆长赠送给我已有一年多的时间，于是我立即发微信跟李馆长郑重地表示我的歉意。

铁琴铜剑楼乃是晚清四大藏书楼之一，其所藏之书的珍本部分大多归了国家图书馆，而余外的所藏有一大部分归了常熟市图书馆，故铁琴铜剑楼旧藏在市面上很少出现，此楼所抄之书我仅得到过一部，然此抄书纸却与我的所得颇不相同，该笺纸是用一种很薄的手工用纸刷印而成者，这样的纸类似于今日安徽泾县所产的雁皮纸。

用这么薄的纸来制作抄书纸，这种做法以往未曾见到过，该纸的版心刻着"海虞瞿氏铁琴铜剑楼影钞本"。由此可知，用这么薄的纸来作抄书纸，乃是为了影钞的便利，可是就一般的情况来说，影钞之本会有各种各样的行格，而此纸已经将行格刻就，如何能正好与底本行数相同呢？尤其特别之处乃

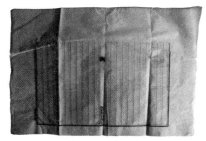

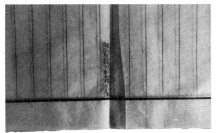

是该纸的上栏未刻，看来是为了便于书写提抬。

此纸的末尾栏外还刻着"臣瞿启甲呈进"字样，由此让我理解了该影钞纸刻行格之惑：这种纸专门是用作影钞铁琴铜剑楼所藏的稀见宋元珍本。可能是有人觊觎该楼所藏的这些书，于是瞿启甲自雇抄手影钞这些书呈献给索要者，既然是"臣"字款，看来这批书是要贡献给朝廷。铁琴铜剑楼当年专门影钞一批书进呈给了皇帝，居然还有过这样一段有趣的历史，这是我以往未曾听闻过的故事，真希望某天能看到一部影钞之本，以此来满足我的这个小小好奇心。

《天禄琳琅知见书录》 刘蔷 著

刘蔷给我来微信称，她编辑多年的这部大书终于印出来了，她问我是要毛边本还是普通的精装本。刘蔷的这句问话让我有了一个小纠结：按理说毛边本的制作数量要比普通本少许多，从收藏角度来说，物以稀为贵，显然毛边本比普通本更有收藏价值，然而我却知道刘蔷的这部大作是一部极为实用的工具书，能从中查到许多未曾了解的资料，可是这样的书制作成毛边本，显然不容易翻阅。当然，最好的结果是她赠给我两本——毛边用来收藏，精装用来使用。

然而她的这部大作，其体量近百万字，定价也不便宜，估计她手中有限的那些样书，肯定分不过来，于是我忍住了自己的贪念，告其给我哪一种都可以。但刘蔷是个认真的人，她一定让我选择是毛边还是精装。其实我更好奇于她为什么也开始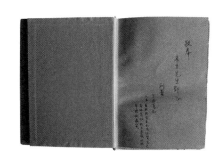

制作毛边本，刘蔷则称这是沈津先生的主意，因为沈先生认识不少喜好藏书之人，而藏书家们当然偏好毛边，所以刘蔷也就从善如流地制作了一批专供收藏之物。

但不知为何，我从她的口气中听出她还是希望我能接受毛边本，因为她也觉得毛边书虽然看上去特别，但从使用上而言，大多数人会感到不便。而后她又跟我讲述了其对毛边本的态度。看来，在刘蔷的朋友圈中，还是喜好非毛边者为多。

既然如此，我本着体谅之心"勉为其难"地说自己愿意要毛边本，但我同时提出了一个小条件，那就是请她将自己对毛边本的态度写在该书的封面上。而刘蔷果真在给我的题记中写上了"又及"，她也称自己无法欣赏毛边本的美好。看来，我主动提出接受毛边本确实起到了替她"分忧解难"的作用。

为了拜读她的这部大作，我还是将这部毛边本撕开了一些书页，虽然这种撕法有损毛边本的价值，但毕竟书还是用来读的。该书的前面乃是沈津先生所书序言，由此序中得知，刘蔷撰写此书用时八年，这份认真令我钦佩。

对于《天禄琳琅书目》，沈津先生以自己的眼光予以了解读，这让我由此而了解到他对天禄琳琅所藏之本的态度。而刘蔷的这部大作也让我获得了新知识，因为她在该书的附录内列出了"天禄琳琅目外书"，而在此前，这是我未曾注意到的一类收藏，因为其钤章方式与天禄琳琅的固有格式不相同，使得我一直不曾注意这些书，由此可知，她在这方面的研究下了何等的工夫。

刘蔷的勤奋也是我最为佩服者，因为天禄琳琅的旧藏有一半都在台湾，为此她特意在台湾住了半年的时间，把那里的所藏一一目验。这份工夫也是他人难以做到者。她的这本《知见书录》还收录了许多私人藏书家所藏之本，她也曾光临寒舍把我所藏的那几部一一著录了出来，而翻看她在该书中所列的统计表，我的所藏果真收录在了里面，这也算是我与此书的一份小因缘。

汤显祖研究书系 邹自振 主编

《汤显祖与"临川四梦"》等：此四本书乃是江西高校出版社副社长詹斌先生所赠。我在江西寻访时，经毛静先生介绍，得以结识了年轻有为的詹先生。能够感觉到詹先生是位性情中人，并且有着难得的出版情怀，与这样的朋友聊天最感惬意。

在南昌时，詹先生曾带领我去寻访藩王之墓，可惜上了导航的当，将我们指引到了一片荒山之中，而后我还要赶飞机，致使寻访未果。这个小遗憾到现在还未能弥补上，但我却在北京再次见到了詹先生和毛静先生，他以此书为赘，收到这样的礼物让我非常高兴。

我喜欢此书的原因是此书内所收录的《汤显祖与"临川四梦"》，因为此前不久我刚刚见到此人，而我写此文时，距我寻访到汤显祖的墓已经有了四年的时间，今见此书也确实有着如逢故人之感。此套书中的另一册《汤显祖与蒋士铨》也是我感兴趣的话题，因为我在《觅曲记》中谈到了蒋士铨，为此我也费尽周折找到了蒋的墓，而这部书能够将这两位戏剧界的大人物合到一起来谈，这样的视角当然给我以启迪。

该四本书在装帧上也很有特点，因为其使用了近两年颇为流行的裸脊装，这样的装帧不仅是设计上的独特，其更为重要者，是能将书平摊开来，因此说裸脊装的设计点之一乃是对真读书人的体贴。然而这种装帧方式也有一个小缺憾——因为书脊上不印书名，使得插架时不便于寻找。看来，天下事求完美确实很不容易，有其利也必有其弊。

《海源续阁藏善本古籍掇英》

该书乃是翁连溪先生所赠。翻看这本精美的图册，首先寓目者乃是著名目录版本学家李致忠先生所题的书法作品——海源续阁。虽然我与

李先生相识有年，然而我却很少看到他的墨宝，李先生能给该书题写阁名，可见他对这批所藏的看重程度。该书内列的审定人除了李致忠先生外还有陈红彦、赵前、杨健和翁连溪，经过这么多位专家的审定，可见此书的收录与编纂，其态度之审慎。

关于海源续阁，我在此前却未曾听闻过，细读李致忠先生所写《海源阁残丛简述》一文，李先生在这里从海源阁的创始人杨兆煜讲起，而后讲到了杨以增、杨绍和、杨保彝、杨敬夫，但其文中却未曾提到海源续阁是何人所创建者。细看该书内所附书影，这些书上大多钤有"海源残阁藏书印"，只是不知此印为何人所钤。

翻看这本书录，里面大多是一些宋元残本，确实可符"残阁"之名。而该书录的卷后还附有几本宋元时期大藏经零本，上面未曾钤盖"海源残阁"之印。该图册的卷末有该书的编者张玉坤所写《后记》，看来这些书而今都藏在了他那里。但是，"海源残阁"究竟是谁的堂号呢？这个疑问不知到何时才能明了。

《书魂寻踪》 韦力 撰

该书的第一次印刷因为粘合剂过期问题，使得此书产生了书皮脱落，为此引起了许多读者的诟病。因为读者跟印刷厂没联系，所以将这种不满都向作者来发泄，虽然我仅是该书的作者，而非书的排版与印刷者，但此书跟我有关，所以我未向读者做任何辩解，而是向他们一一表示歉意。

此事发生后，我与该书责编王燕来先生做过多次沟通，王先生也说此书的制作厂家承认是他们的问题，并且该批胶总计用在了七部书上，而抽作乃是七部之一，这也算是中了个小奖。

虽然说厂家愿意承担调换的费用，但毕竟少有人会将书寄给厂家。为了挽回这种影响，我向王燕来先生提出希望能够变换一种封皮，以使该书不再发生脱胶，并且以新的面目出现也能平息读者的不满。

燕来先生从善如流，他跟装帧设计以及印刷厂都做了沟通，而后以全新的封面设计再次印刷，以此来呈现给大家。我得书之后，进行了破坏性的试验，果真没有出现开裂，看来本批书生产厂家方面予以了认真对待。

书籍也是商品，既然是人工制作，不可能不出现这样那样的问题，有问题不可怕，只要能够认真对待、认真解决，就能够平息读者的不满。燕来先生以及印刷厂家能够及时纠偏，仅凭这一点，就足以令我钦佩。

图书在版编目（CIP）数据

琼瑶集 / 韦力著 . —上海：东方出版中心，2018.8
ISBN 978-7-5473-1322-0

Ⅰ . ①琼… Ⅱ . ①韦… Ⅲ . ①藏书—文集 Ⅳ . ① G253-53

中国版本图书馆 CIP 数据核字 (2018) 第 149242 号

琼瑶集

出版统筹 郑纳新
出版策划 草鹭文化
责任编辑 王欢欢
特约编辑 陈 璞 李春月
责任营销 计珍芹
装帧设计 周伟伟
出版发行 东方出版中心
地　　址 上海市仙霞路 345 号
电　　话 021-62417400
邮政编码 200336
经　　销 全国新华书店
印　　刷 上海盛通时代印刷有限公司

开本：850mm×1168mm 1/32　　印张：8　字数：183 千字
版次：2018 年 8 月第 1 版　　　　印次：2018 年 8 月第 1 次印刷
书号：978-7-5473-1322-0　　　　定价：59.00 元